Maike Lohmann

Traumatisierte Schüler in Schule und Unterricht

Grundwissen, Strategien und Praxistipps für Lehrer

Maike Lohmann wurde 1963 in Hamburg geboren. Sie ist Erzieherin und Sonderpädagogin und absolvierte ein Kontaktstudium Familienberatung. Sie ist seit vielen Jahren im Schuldienst tätig und arbeitet außerdem als Dozentin im Pflege- und Adoptionswesen.

Wir haben unseren Markennamen von AOL-Verlag zu scolix geändert. Alle Inhalte entsprechen den bisher unter dem Namen AOL-Verlag erschienenen Auflagen.

Wir verwenden in unseren Werken eine genderneutrale Sprache, damit sich alle gleichermaßen angesprochen fühlen. Wenn keine neutrale Formulierung möglich ist, nennen wir die weibliche und die männliche Form. In Fällen, in denen wir aufgrund einer besseren Lesbarkeit nur ein Geschlecht nennen können, achten wir darauf, den unterschiedlichen Geschlechtsidentitäten gleichermaßen gerecht zu werden.

5. Auflage 2024

AAP Lehrerwelt GmbH
Veritaskai 3
21079 Hamburg
Telefon: +49 (0) 40325083-040
E-Mail: info@lehrerwelt.de
Geschäftsführung: Andrea Fischer, Sandra Saghbazarian, Robin Schlenkhoff
USt-ID: DE 173 77 61 42
Register: AG Hamburg HRB/126335

Autorschaft:	Maike Lohmann
Redaktion:	Kristina Poncin
Lektorat:	Susanne von Ahn
Covergestaltung:	TSA&B Werbeagentur GmbH, Hamburg
Coverfoto:	lonely sad child © ambrozinio – fotolia.com #92332228_L
Illustrationen:	Wolfgang Slawski, Antje Bohnstedt
Satz:	Satzpunkt Ursula Ewert, GmbH, Bayreuth
Druck und Bindung:	SDK Systemdruck Köln GmbH & Co. KG, Köln

ISBN: 978-3-403-10416-2
www.scolix.de

Inhalt

Einleitung

Suse Z. – eine betroffene Lehrerin

Suse Z. kommt gut erholt und motiviert aus den Sommerferien. Sie hat in den Ferien einiges gelesen und in der letzten Ferienwoche auch ein Seminar zu innovativen Unterrichtsformen besucht. Seit dem ersten Schultag hat sie einen neuen Schüler in ihrer dritten Klasse. Fritz ist mit seinen Eltern aus einer anderen Großstadt zugezogen. Die erste Woche mit ihm läuft recht gut. Ein netter Junge. Fritz versucht, sich zu orientieren, und meldet sich sogar schon einige Male im Unterricht. In dieser Stunde steht Sachunterricht auf dem Stundenplan. Die Schüler arbeiten an ihren Arbeitsplänen. Die Klasse ist bereits recht geübt in dieser Arbeitsform, sodass nach einer kurzen Einweisungsphase alle mit der Arbeit beginnen. Auch Fritz nimmt sich seinen Arbeitsplan.

Suse Z. geht herum, hilft verschiedenen Schülern und kommt schließlich auch zu Fritz, um zu gucken, wie er mit dem Plan zurechtkommt. Sie hockt sich neben seinen Tisch, um sein weiteres Vorgehen zu besprechen. Plötzlich springt Fritz auf, schreit und wirft seinen Tisch um. Der Tisch fällt gegen Anna, die vor ihm sitzt. Sie und der Rest der Klasse schreien nun ebenfalls erschrocken auf. Anna weint und hält sich schmerzverzerrt den Rücken. Fritz läuft blitzschnell quer durch den Raum und schließlich aus der Klasse heraus. Suse Z. guckt, ob Anna ernsthaft verletzt ist. Dies ist nicht der Fall. Sie bittet die Mitschüler, sich um Anna zu kümmern und die Kollegin der Nachbarklasse zu informieren. Dann läuft sie los, um Fritz zu suchen. Er ist weder im Schulgebäude noch auf dem Schulhof zu finden. Schließlich gibt Suse Z. auf, bittet das Sekretariat um Hilfe und geht in die Klasse zurück. Zehn Minuten später kommt der Hausmeister mit einem verstörten Fritz in den Klassenraum. Der Junge ist leichenblass, zittert und hat einen eigenartig abwesenden Gesichtsausdruck. Der Hausmeister hat Fritz hinter den Mülltonnen kauernd gefunden.

Was ist passiert? Fritz ist ein traumatisiertes Kind und hatte, ausgelöst durch das neue Parfüm der Lehrerin, einen Flashback.

Flashbacks sind unvermittelt aufblitzende Wahrnehmungserinnerungen aus als traumatisierend wahrgenommenen Situationen in der Vergangenheit. Sie können durch Reize/Trigger wie Bilder, Gerüche, Stimmen, Melodien usw.

ausgelöst werden. Flashbacks können die gleichen stark belastenden Emotionen auslösen wie das eigentliche Trauma, das beispielsweise durch die Trennung von den leiblichen Eltern, durch Misshandlungen oder im Krieg / auf der Flucht Erlebtes hervorgerufen wurde.

Sie können dafür sorgen, dass die betroffene Person erstarrt, wegläuft oder aggressiv reagiert und das tut, was sie damals in der bedrohlichen Situation nicht tun konnte.

Flashbacks tauchen unterschiedlich häufig und zunächst **immer** unerwartet auf. Kennt man den betreffenden Schüler etwas länger, so wird man kritische Situationen eher ausmachen und erkennen können. Diese gilt es dann zu meiden. Aber ähnlich wie etwa bei Nahrungsmittelunverträglichkeiten ist ist es nicht einfach herauszufinden, welcher Reiz den Flashback auslöst.

Was kann Suse Z. tun, damit es möglichst selten zu ähnlichen oder andersgearteten Vorfällen mit Fritz kommt? Was kann sie tun, um Fritz vor Flashbacks zu schützen? Wie sollte sie bei auftretenden Flashbacks mit Fritz umgehen? Wie kann sie die Mitschüler schützen und stärken, indem sie ihnen Erklärungsmodelle für Fritz' Verhalten an die Hand gibt und Ablaufpläne für den Krisenfall einübt?

Fritz, Daniel und Moarmas – drei traumatisierte Schüler

Fritz könnte auch Daniel oder Moarmas heißen. Die drei Schüler haben gemeinsam, dass sie eine Traumatisierung erlitten haben und dass sie währenddessen dem Parfüm ausgesetzt waren, das Suse Z. trägt. Folgende ansonsten sehr unterschiedlichen Lebensgeschichten sind denkbar:

***Fritz** ist ein Adoptivkind. Seine leibliche Mutter war zum Zeitpunkt der Geburt gerade volljährig geworden. Sie zog in der Endphase der Schwangerschaft mit dem Vater von Fritz zusammen. Zunächst versuchten die jungen Eltern, Fritz selbst zu versorgen. Die Großeltern unterstützten sie dabei. Aber es kam immer häufiger zum Streit und infolgedessen zum Kontaktabbruch mit den Großeltern. Aufgrund der Überforderung der jungen Eltern lag Fritz viel und lange alleine in seinem Bett im Kinderzimmer. Auf sein*

Schreien wurde nicht immer reagiert. Die Mutter benutzte das gleiche Parfüm wie Suse Z. Ob er regelmäßig mit Nahrung versorgt wurde, ist unklar. Leichte Anzeichen von Unterernährung kann der Kinderarzt später feststellen. Nach mehreren Hinweisen aus der Nachbarschaft auf langes und anhaltendes Schreien des Säuglings greift das Jugendamt ein und bringt Fritz in einer Pflegefamilie unter. Nach acht Wochen ist dann eine Adoptivfamilie gefunden. Fritz zieht im Alter von sieben Monaten zu Familie Schulz.

***Daniel** ist das zweite Kind seiner Mutter. Beide Kinder haben verschiedene Väter. Inzwischen hat sich die Mutter einen neuen Lebensgefährten gesucht. Dieser neigt zu Gewalt, wenn er alkoholisiert ist. Dies kommt leider immer öfter vor. Die Nachbarn rufen mehrfach wegen lauter Streitereien und Schreie in der Wohnung die Polizei. Nach dem letzten großen Streit, bei dem der Partner seine Freundin auch schlug, nehmen die Polizisten Daniel und seinen Bruder gleich mit und bringen beide ins Kinderschutzhaus. Die Polizistin, die sich um die Kinder kümmert und sie ins Kinderschutzhaus bringt, benutzt das gleiche Parfüm wie Suse Z. Da die Mutter und ihr Partner in Zukunft eng mit dem Jugendamt zusammenarbeiten wollen, dürfen die Kinder nach drei Wochen wieder zurück nach Hause. Bisher hat es keine Anrufe von Nachbarn mehr bei der Polizei gegeben. Daniel ist jedoch recht schreckhaft, kann sich nur schwer länger auf eine Arbeit konzentrieren und scheint ständig „unter Strom zu stehen“.*

***Moarmas** ist mit seiner Familie nach Deutschland geflüchtet. Beide Eltern haben im Heimatland studiert. Allerdings konnten sie aufgrund des Krieges in ihrem Land noch keine Berufserfahrung sammeln. Moarmas ist in seinem Heimatland bis kurz vor der Flucht zur Schule gegangen. Die junge Familie möchte in Deutschland ein neues Leben beginnen. Derzeit läuft ihr Asylantrag und hat gute Chancen, genehmigt zu werden. Moarmas hat miterlebt, dass das Nachbarhaus von einer Bombe getroffen wurde. Es gab einen sehr lauten Knall, Menschen schrien und rannten aus dem Haus, es brannte sofort lichterloh. Die Oma war zum Zeitpunkt des Bombeneinschlags mit Moarmas und seinem kleinen Bruder zu Hause. Sie hatte das gleiche Parfüm wie Suse Z.*

Die Beispiele zeigen, wie traumatisierende Ereignisse aussehen können und wie „eigentlich“ ganz neutrale und harmlose Reize später (etwa bei der

Hilfestellung im Unterricht wahrgenommen) Flashbacks auslösen können. In fast jeder Klasse sitzt inzwischen ein traumatisiertes Kind. Nicht immer sind es Pflege- oder Adoptivkinder, häufig auch Kinder aus problembelasteten Familien oder, sehr aktuell, Flüchtlingskinder. Traumatisierte Kinder sprengen mit ihrem auffälligen und manchmal seltsam anmutenden Verhalten nicht selten den Unterricht.

Derzeit gibt es auf dem deutschen Markt zu diesem Thema so gut wie keine Literatur. Diese Lücke möchte ich mit diesem Buch schließen. In meiner langjährigen Beratungs- und Seminartätigkeit zum Thema „Trauma und Schule" mit Pflege- und Adoptiveltern entstand die Idee, dieses Thema auch für Lehrkräfte aufzuarbeiten. Denn sie sind es, die, neben den Familien, mit den tagtäglichen Herausforderungen dieser Schüler in Schule und Unterricht umgehen müssen.

Traumatisierte Schüler reagieren auf nicht sichtbare und nicht nachvollziehbare Auslöser teilweise sehr heftig. Ihre Alarmbereitschaft ist oft permanent erhöht. Konzentrationsstörungen, dissoziative Zustände und eine Beeinträchtigung der Beziehungsfähigkeit können die Folge von erlebten Traumata sein. Dies führt zu stark zurückgezogenem oder auch aggressivem Verhalten. Die teilweise großen schulischen Systeme, in denen häufige Raum-, Fächer- und Lehrerwechsel die Regel sind, irritieren diese Schüler zusätzlich. Sie kommen nicht zur Ruhe und damit auch nur schwer ins Lernen. Positive Lernerfahrungen jedoch stärken das Selbstwertgefühl und damit die Fähigkeit, das Trauma zu überwinden.

Traumatisierte Kinder sind eine große Herausforderung für jede Lehrkraft. Erkenntnisse aus der Hirn- und Traumaforschung können helfen, die Verhaltensweisen dieser Kinder zu verstehen, und damit Lehrkräften Unterstützung für den Schulalltag geben. Lehrkräfte fühlen sich häufig überfordert. Es fehlt ihnen das nötige Fachwissen über die Entstehung und die Folgen von Traumata.

- Ab wann spricht man bei einem einschneidenden Erlebnis von einem Trauma?
- Warum kontrolliert das Erlebte bis heute, oft viele Jahre später, die Gedanken und Gefühle des Betroffenen?

Mit dem entsprechenden psychologischen und pädagogischen Handwerkszeug jedoch kann ein verantwortungsvoller Umgang mit traumatisierten Kindern gelingen. Es geht darum, den Lehrkräften Strategien des Umgangs mit Traumafolgestörungen aufzuzeigen.

- Worauf muss ich achten? Was muss ich mindestens tun?
- Was ist zu vermeiden, damit den Kindern nicht zusätzlich geschadet wird? Wie werde ich den anderen Kindern gerecht?
- Welche Erfahrungen und Situationen ermöglichen es den Schülern, in eine fruchtbare Beziehung zueinander zu treten?
- Was sollten die nicht traumatisierten Kinder wissen/erfahren, um mit dem angemessenen Respekt und der nötigen Sorgfalt mit den traumatisierten Kindern zu interagieren – ohne sie gleichzeitig maßlos zu überfordern?

Förderliche Bedingungen helfen, das schulische Lebens- und Lernumfeld zu gestalten. So kann die Integration des traumatisierten Kindes/Jugendlichen in Unterricht und Schule gelingen und es ihm und der Klasse ermöglicht werden, die so dringend notwendigen positiven Lernerfahrungen zu machen.

Bei den förderlichen Strategien geht es auch um Rhythmisierung von Unterricht und den Einsatz von Signalsystemen. Dies mag den Regelschullehrer zunächst einmal erschrecken angesichts der zusätzlichen Arbeit, die hier von ihm gefordert wird. Die Erfahrung zeigt aber, dass dies sehr erfolgreiche Mittel sind, den Unterricht zu strukturieren und für die betroffenen Schüler vorhersehbar zu machen. Sie kommen nicht nur dem traumatisierten Schüler zugute, sondern können auch anderen desorganisierten und an innerer Unruhe leidenden Schülern helfen. Ich möchte Sie ermuntern, das eine oder andere auszuprobieren.

Ich würde mich sehr über Erfahrungsberichte der Leserinnen und Leser freuen.

- Mit welchen Schwierigkeiten bekamen Sie es zu tun?
- Welche Maßnahmen trafen Sie?
- Was war hilfreich?

In diesem Buch soll es um traumatisierte Kinder und Jugendliche mit unterschiedlichen Hintergründen gehen. Folgende Themen werden behandelt:

- Was ist ein Trauma und wodurch kann es ausgelöst werden (Teil 1)?
- Welche Traumafolgen treffen den Betroffenen (Teil 1)?
- Welche Traumafolgen zeigen sich in der Schule (Unterricht, Emotionen und Sozialverhalten, Lernprozesse; Teil 2)?
- Welche praktischen Ideen und Strategien helfen bei der Gestaltung förderlicher Bedingungen in Schule und Unterricht mit traumatisierten Kindern (Teil 3)?
- Welche Ressourcen benötigen Lehrkräfte (Teil 4)?

Teil 1: Grundlagenwissen Trauma

Was ist ein Trauma und wodurch kann es ausgelöst werden?

Das Wort **Trauma** kommt aus dem Griechischen und bedeutet **Wunde**. Die WHO definierte 1991 im ICD-10, dem psychiatrischen Klassifizierungssystem für psychische Erkrankungen, Trauma als:

> *„kurz oder lang anhaltende Ereignisse oder Geschehen von außergewöhnlicher Bedrohung mit katastrophalem Ausmaß, die nahezu bei jedem tiefgreifende Verzweiflung auslösen würden."*

Man kann auch sagen, dass ein Trauma eine Situation ist, die vom Menschen immer als „größer als man selbst" erlebt wird. Es ist gekennzeichnet von Hilf- und Hoffnungslosigkeit des betreffenden Individuums. Ob es zu einer Traumatisierung kommt, hängt weniger vom Ereignis denn von den Handlungsmöglichkeiten der betroffenen Person ab. Ein Säugling ist demnach weit weniger handlungsfähig als ein älteres Kind. Traumata können auch entstehen, wenn der Betroffene nur Zeuge von Gewalt ist.

Hermann Scheuerer-Englisch nennt für die Traumatisierung von Kindern die folgenden Merkmale:

- Es handelt sich um eine einmalige oder andauernde Erfahrung, die zu einer seelischen Verletzung führt,
- für das Kind mit seinen physischen oder psychischen Möglichkeiten nicht kontrollierbar ist,
- Todesangst oder Angst vor Vernichtung auslöst,
- und bei der das Kind auf niemanden zurückgreifen kann, von dem ihm geholfen werden könnte.

(vgl. Scheuerer-Englisch, 2002)

Ein Trauma löst eine sehr große Angst aus. Diese endet nicht mit dem Erlebnis, sondern verfolgt den Menschen in seinem weiteren Leben permanent. Psychiater unterscheiden zwischen zwei Formen von Traumata:

- akute, unvorhersehbare und einmalige Ereignisse wie Verkehrsunfall, Vergewaltigung, frühkindliches Bindungstrauma, Erdbeben, Brand, Verlorengehen auf der Flucht u. a.

- wiederholt auftretende und teilweise vorhersehbare Ereignisse wie wiederholte sexuelle Misshandlung, wiederholte familiäre Gewalt, Krieg, Hungersnot (deren Ende für die Betroffenen nicht absehbar ist)

Erlebt der Mensch etwas, das plötzlich und unerwartet auftritt und eine Erfahrung intensiver Bedrohung und des Ausgeliefertseins darstellt, führt dies zu einer „Angst-Schreck-Schock“-Situation. Es kommt zu einem innerlich überflutenden Stresszustand. Im Gehirn wird das „Notfallprogramm“ gestartet.

Gelingt es dem Betroffenen, die gefährliche Situation mit der Kraft der vom Organismus zur Verfügung gestellten Mittel zu bewältigen, sind die negativen Folgen eher gering. Traumatisierend wirkt eine solche Situation nur dann, wenn keine Lösung möglich ist.

Das dreigliedrige Gehirn

Was genauer im Gehirn bei einer elementaren Bedrohung geschieht, soll am Beispiel des dreigliedrigen Gehirns nach Levine/Kline veranschaulicht werden (vgl. Levine, 2005).

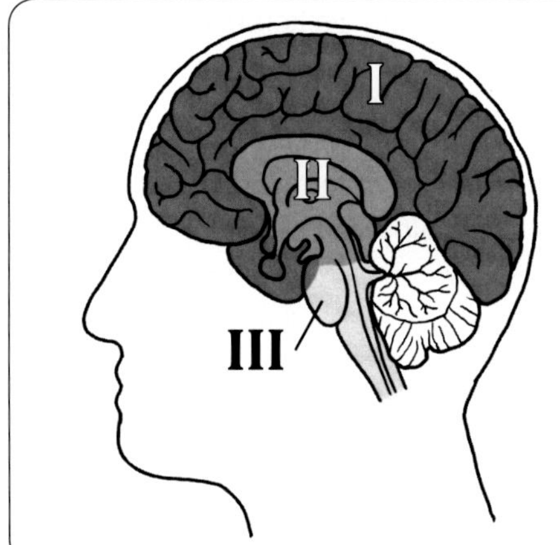

I „Chef-Etage“
Großhirn, Cortex, rationaler Verstand, Denken, Planen, Entscheiden

II „1. Etage“
limbisches System (u. a. Amygdala, Hippocampus), emotionales Überleben („Kampf oder Flucht“)

III „Erdgeschoss“
Hirnstamm, Grundüberlebensinstinkte („Totstellreflex“)

Das Großhirn: Dieses Hirnarenal ist verantwortlich für kognitive Leistungen, zum Beispiel für das Sprechen und Denken, auch für die Fähigkeit, Entscheidungen zu treffen, sowie für das Gedächtnis und die Entwicklung von Handlungskompetenzen.

Zum Zeitpunkt der Bedrohung wird das Großhirn ganz oder teilweise außer Kraft gesetzt. Somit ist die Fähigkeit des Frontalhirns, zu ordnen und die Sinneswahrnehmungen zu verknüpfen, mehr oder weniger stark beeinträchtigt oder ganz außer Funktion gesetzt. Das Gehirn entledigt sich allen Ballastes, damit blitzschnelles Reagieren möglich wird.

Würde man beispielsweise, plötzlich einem hungrigen Tiger gegenüberstehend, zunächst die Vor- und Nachteile verschiedener Reaktionsmöglichkeiten abwägen, wären die Überlebenschancen äußerst gering.

Das Mittelhirn: Hier entstehen die Emotionen. Das Alarmzentrum im Gehirn, die Amygdala, entscheidet darüber, ob eine Situation als gefährlich eingeschätzt wird oder nicht. Bei Gefahr sorgt sie dafür, dass u. a. das Sprachzentrum und Teile des Hippocampus, der Erinnerungen speichert, abgeschaltet werden. Sämtliche körperliche Energien sollen für die Flucht oder den Kampf zur Verfügung stehen.

Das Stammhirn: Im Hirnstamm, dem Reptiliengehirn, wird das Notfallprogramm gestartet. Hier geht es tief hinein in die entwicklungsgeschichtlich ältesten Hirnregionen. Dort werden die Reflexe und die körperlichen Prozesse gesteuert. Es werden große Mengen an Energie bereitgestellt, um zu kämpfen oder zu fliehen.

Die Hormone Adrenalin und Noradrenalin werden in die Blutbahn gepumpt, der Puls steigt, das Herz klopft und die Muskeln sind besonders aktiviert. Die Aufmerksamkeit ist erhöht. Das Blut fließt vor allem in die große motorische Flucht- und Kampfmuskulatur. Die Atmung wird schneller und flacher.

Im Falle einer existenziellen Bedrohung sind demnach die vernunftgesteuerten und emotionalen Bereiche des Gehirns nicht mehr abrufbar. Kann angesichts einer solchen Bedrohung Hilfe nicht mehr angefordert werden, führt dies zur sogenannten **traumatischen Zange** (Huber, 2009): **kein Kampf möglich, keine Flucht möglich**. Der Betroffene kann weder kämpfen noch flüchten. Es kommt zur Erstarrung (Einfrieren, Lähmung) und Dissoziation, weil die in der Situation erlebten Gefühle in ihrer Gesamtheit nicht aushaltbar sind.

Grafisch dargestellt sieht der Ablauf bei einer existenziellen Bedrohung wie folgt aus:

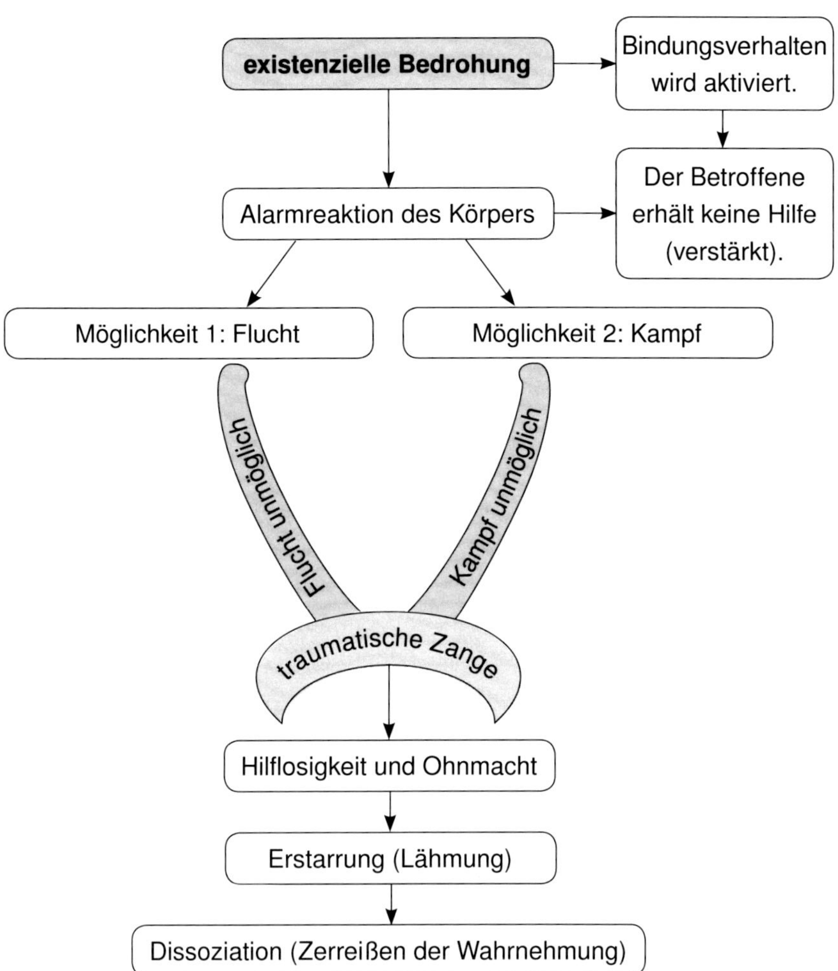

Der sich in einer ausweglosen Situation befindende Betroffene unternimmt mit der Dissoziation eine Flucht aus der Wahrnehmung, indem er zum Beispiel aus seinem Körper heraustritt und sich wie ein außenstehender Beobachter des Geschehens empfindet. Wie über den Dingen schwebend. Er erlebt Teile seines Körpers als nicht zu ihm gehörig oder erschafft eine weitere Person, die statt seiner das Trauma erlebt. Solch eine Dissoziation bewirkt, dass die unerträgliche Angst und auch die unerträglichen Körperempfindungen (Schmerzen) erträglich werden, was für den Moment Rettung bedeutet, langfristig aber zu einer ernsthaften Störung führen kann.

Die vorher wahrgenommenen Reize der bedrohlichen Situation werden in unterschiedlichen Bereichen des Gehirns gespeichert. Als Ganzes sind sie in der traumatisierenden Situation nicht auszuhalten. Daher sind sie im weiteren Leben nicht zusammenhängend erinnerbar.

Das Trauma wird in einem Bereich des Gedächtnisses gespeichert, der von anderen Erinnerungen abgekoppelt ist. Die Erlebnisse sind daher nicht bewusst abrufbar. Man geht davon aus, dass der Hippocampus, der eigentlich für die Speicherung von Erlebtem und das Gedächtnis zuständig ist, bei traumatisierenden Erlebnissen lahmgelegt wird.

! Wichtig

Nach „Ausrastern" und einer Phase der Beruhigung stehen dem Schüler wieder alle kognitiven und sprachlichen Mittel zur Verfügung.
Vereinbart man mit ihm nun, dass er nie wieder jemanden angreifen oder weglaufen soll, so verspricht er dies häufig. Kommt es aber erneut zu einer belastenden Situation mit Triggerung, dann laufen im Gehirn die oben beschriebenen Prozesse wieder genauso ab und die kognitive Vereinbarung (Großhirn) ist abgeschaltet. Sprachliche Vereinbarungen sind nicht mehr abrufbar.

Die Erinnerungsteile sind meist an Sinneseindrücke gekoppelt und treten im Zusammenhang mit diesen dann wieder auf (Flashbacks). Wären sie am Stück erinnerbar, wäre das sehr belastend für den Betroffenen. Allerdings wäre dann auch eine Be- und Verarbeitung in einer therapeutischen Situation gut möglich. So aber bleiben die Erinnerungsfetzen „im Raum hängen" und tauchen unvermittelt auf. Ihrem Auftauchen folgen teilweise heftige Emotionen und große Ängste. Diese reagieren Traumatisierte zum Beispiel in agressiven Ausbrüchen ab.

Wichtig

Ein Trauma kann beschrieben werden als die Unfähigkeit des Organismus, aus der Alarmreaktion wieder in den Normalzustand zurückzukommen.

Beispiel

Sie schwimmen im Schwimmbad Ihre Runden. Plötzlich bekommt der neben Ihnen Schwimmende einen Panikanfall und klammert sich verzweifelt an Ihnen fest. Durch die Kraft der Panik können auch Sie sich nicht mehr über Wasser halten und werden in die Tiefe gezogen.

Sie schreien (Bindungssystem wird aktiviert), aber unmittelbar kann niemand zu Hilfe eilen. Sie versuchen, Rettungstechniken anzuwenden und den anderen zum Beckenrand zu ziehen. Noch funktioniert das Großhirn. Als dies aussichtslos erscheint, beginnen Sie zu kämpfen, um sich von dem anderen Schwimmer zu befreien. Dies gelingt nicht. Auch flüchten können Sie nicht und fühlen sich folglich hilflos und ohnmächtig dieser Situation ausgeliefert. Dies führt zur Erstarrung. Sie werden mit in die Tiefe gerissen. Alles, was Sie in dieser Situation wahrnehmen (Temperatur des Wassers, Klammergriff des anderen, Gerüche, visuelle Eindrücke, Geräusche), wird in unterschiedlichen Bereichen des Gehirns gespeichert, weil es zusammen nicht aushaltbar wäre.

Sie haben Glück und der Bademeister ist zur Stelle und beendet die bedrohliche Situation.

Obwohl man sich fürsorglich um Sie beide kümmert, werden Sie vielleicht nie wieder ein Schwimmbad betreten. Wenn Sie den Geruch von Chlor wahrnehmen oder sich jemand an Ihnen festklammert, löst dies Panik aus, obwohl die aktuelle Situation in keiner Weise gefährlich ist.

Die in der traumatisierenden Situation entwickelte Angst lebt als Schatten mit Ihnen und lässt sich nicht einfach abschütteln.

Sie können sich aber im Nachhinein nicht mehr vollständig an die Situation im Schwimmbad erinnern.

Die **gleichen innerpsychischen Prozesse** können immer wieder ablaufen, wenn der Betroffene einen Flashback hat. Die Intensität entspricht den damals erlebten Gefühlen. Der Betroffene steckt plötzlich wieder im „alten Film", die gleichen heftigen Emotionen laufen ab. In einer solchen Situation ist es das Wichtigste, ihn in die Gegenwart zurückzuholen. Der Betroffene sollte angesprochen werden, vielleicht etwas zu trinken bekommen, und man sollte ihm mit ruhiger Stimme sagen, dass er in Sicherheit ist, sich zum Beispiel in der Schule/Klasse befindet.

Was in dieser Situation fehlt, ist der zeitliche und räumliche Zusammenhang der traumatischen Situation. Wären diese Zusammenhänge vorhanden, wäre der Person bewusst, dass es sich um eine Erinnerung an ein weit zurückliegendes Ereignis handelt, das abgeschlossen ist und von dem keine Bedrohung mehr ausgeht.

! Wichtig

Eine Intervention im Sinne von „Erzähle doch einmal, was damals passiert ist" gilt es dringend zu vermeiden, weil sie die oben beschriebene Stressreaktion auslöst und daher retraumatisierend wirken kann.

Cortisol – das Stresshormon

Im Falle anhaltender oder sich wiederholender Bedrohung wird Cortisol ausgeschüttet. Cortisol ist ein lebenswichtiges Hormon, das in der Nebennierenrinde gebildet wird. Dieses Stresshormon wirkt entzündungshemmend und unterdrückt Fieber und Schmerzen. Außerdem erhöht Cortisol den Angstpegel, sodass der Organismus hochwachsam reagieren kann.

Bleibt der Cortisolspiegel allerdings durch wiederholte Traumatisierung dauerhaft erhöht, wird das Immunsystem auf lange Zeit unterdrückt und dadurch ernsthaft geschwächt. Ferner führt der erhöhte Spiegel dazu, dass kleinste Trigger (Erinnerungen) an die traumatisierenden Situationen sofort große Mengen an Emotionen freisetzen und belastende Empfindungen im Körper auslösen.

Beispiel

Psychologen der Ruhr-Universität Bochum und der technischen Universität Dortmund untersuchten Kleinkinder im Alter von 15 Monaten, die eine Lernaufgabe absolvieren sollten. Etwa die Hälfte der Kinder erfuhr vorher eine stressige Situation. Eine unbekannte Person setzte sich neben sie, eine laute Musik spielte und ein Tanzroboter bewegte sich dazu oder die Eltern verließen für maximal vier Minuten den Raum. Dies führte zu einem Anstieg des Stresshormons Cortisol. Danach bekamen die Kinder eine Box mit zwei Schaltern. Beim Drücken des einen leuchtete eine rote, beim Drücken des anderen Schalters eine blaue Lampe auf. Eine der beiden Lampen durften sie so lange drücken, wie sie wollten. Der Zugang zur anderen Lampe war versperrt. Danach durften sich die Kinder mit beiden Schaltern beschäftigen, allerdings leuchtete beim Drücken keine Lampe mehr auf. Die Kinder der Stressgruppe drückten immer wieder auf den Schalter, an den sie sich gewöhnt hatten, obwohl nichts passierte.

„Wenn Kleinkinder wiederholt Stress ausgesetzt sind und deshalb keine alternativen Verhaltensweisen ausprobieren, könnte sich das negativ auf ihren Wissenserwerb auswirken“, meinten die Forscher (vgl. Seehagen, Schneider u.a. 2015).

Die meisten **Pflegekinder und einige Adoptivkinder** erleben vor der Inpflegegabe wiederholt bedrohliche Situationen. Dies kann ihren Cortisolspiegel noch jahrelang nach den traumatischen Erlebnissen erhöht sein lassen. Jegliches Lernen unter dieser erhöhten Erregung/Wachsamkeit ist verständlicherweise schwierig.

Auch Kinder, die einen Krieg und infolgedessen eine dramatische Flucht erlebt haben, werden eine Zeit lang einen erhöhten Cortisolspiegel haben.

Eine **Cortisolüberproduktion** führt auch zur Zerstörung von Synapsenvernetzungen und zu einer Disregulation neurobiologischer Regelkreise. Das Gehirn verändert seine Funktionsweise. Dies kann langfristige Folgen für das Lernen haben. Das bedeutet, dass starker Stress das Gehirn dauerhaft schädigen kann. Bei wiederholt traumatisierten Kindern konnte diese **Schä-**

digung im Hippocampus (zuständig für das Lernen und Erinnern) nachgewiesen werden. Dieser Bereich kann bis zu ein Fünftel reduziert sein (vgl. Korritko, 2014).

Bei **Pflege- und einigen Adoptivkindern** begegneten mir in der Beratung auffällig viele Kinder mit einer Dyskalkulie oder einer Lese-Rechtschreib-Schwäche. Die permanent erhöhte Erregbarkeit und Alarmbereitschaft aufgrund des dauerhaft erhöhten Cortisolspiegels sorgten dafür, dass das Sprach- und Denkzentrum zugunsten der zu erwartenden Flucht- oder Kampfreaktion unterdrückt wurde.

B Beispiel

In der Beratung hatte ich eine Pflegefamilie mit einem Mädchen in der vierten Klasse. Sie hatte keine Schwierigkeiten in Mathematik und Deutsch, jedoch im Sachunterricht fiel es ihr auffallend schwer, sich an Unterrichtsinhalte zu erinnern und diese in Klassenarbeiten zu reproduzieren. Grund war eine permanent erhöhte Alarmbereitschaft aufgrund anhaltender Traumatisierung in der Herkunftsfamilie in den ersten Lebensjahren. Davon hatte sie sich bisher nicht erholen können, obwohl sie bereits ein paar Jahre in der Schutz und Sicherheit gebenden Pflegefamilie lebte. Der Cortisolspiegel war nach wie vor erhöht. Je weniger emotional Lerninhalte waren, als desto harmloser wurden sie eingeschätzt und desto mehr Kapazitäten standen zum Lernen und Behalten zur Verfügung. Je mehr Emotionen ins Spiel kamen, etwa durch direkten Lebensbezug im Sachunterricht, als desto gefährlicher wurden Lerninhalte wahrgenommen, womit das Lernen erschwert wurde.

Frühtraumatisierung

Eine besondere Form des Traumas ist die frühkindliche Traumatisierung wie im Falle von Fritz. Denn hier sind die Erinnerungen in der Regel nicht einmal im Ruhezustand versprachlicht. Die traumatischen Situationen werden zu einem Zeitpunkt erlebt, zu dem das Baby oder Kleinstkind noch über keine Sprache verfügt. So kleine Kinder können nur durch Schreien auf sich aufmerksam machen. Kann dieses Signal von den Bezugspersonen nicht erhört werden, weil sie nicht in der Lage sind, einen Säugling angemessen zu versorgen, kommt es wiederholt zu traumatischen Situationen für den allein gelassenen Säugling mit dissoziativen Zuständen in deren Folge.

B Beispiel

Bei Kilian führt der wiederholte Wechsel von Bezugspersonen mit mehrfach traumatischen Situationen des Sich-nicht-Kümmerns vor der Inpflegegabe bei den zukünftigen Adoptiveltern dazu, dass er scheinbar nicht mehr hören kann. Er entwickelt zunächst keine Sprache und kann im Alter von zweieinhalb Jahren nur Grunz- und Lalllaute ausstoßen, sodass man an eine Hörschädigung denkt. Durch die anhaltenden vernachlässigenden/traumatisierenden Erlebnisse wurde Kilians Sprachzentrum scheinbar dauerhaft ausgeschaltet. Nachdem er sicher bei den Adoptiveltern angekommen ist, beginnt er Monate später zu sprechen und kann sich heute als Zweitklässler recht gut ausdrücken.

Um sich zu spüren und zu beruhigen, schaukelt er im Bett im Vierfüßlerstand vor und zurück. In dieses Verhalten verfällt er noch in der Vorschulzeit regelmäßig, wenn er den Eindruck hat, dass sich gerade keiner um ihn kümmert, was seinen Stresspegel sofort deutlich erhöht. Die Adoptivmutter braucht zum Beispiel lediglich auf die Toilette zu gehen oder ein Telefonat zu führen.

Außenstehende sind häufig verwundert, wenn sie erfahren, wie lange das Kind bereits bei den Pflege- oder auch Adoptiveltern lebt und trotzdem noch auffälliges Verhalten zeigt. Manchen in dieser Weise vorgeschädigten Kindern gelingt nur langsam der Weg in ein sicheres, erfülltes und zufriedenes Leben. Anderen gelingt es nur teilweise. Sie suchen ihr Leben lang nach Orientierung und stabiler Bindung, obwohl sie weit länger bei den sorgenden und auf ihr Wohl bedachten Pflege- oder Adoptiveltern gelebt haben als die kurze Zeit bei den leiblichen Eltern.

Bereits ab der siebten Schwangerschaftswoche ist der Mandelkern (Amygdala) im Gehirn des Fötus so weit ausgebildet, dass Angst und andere Stressgefühle erlebt werden können. Somit kann ein Fötus sowohl Wohlbefinden als auch Stressgefühle der Mutter über die jeweilige Hormonausschüttung empfinden. Diese frühesten emotionalen Erfahrungen legen die Spur für die eigene Konstruktion der Wirklichkeit im späteren Leben. Ist eine

Schwangere häufig Stresssituationen ausgesetzt, wird ihr Körper von Stresshormonen durchflutet. Diese gelangen auch in die sich ausdifferenzierenden Zellen ihres wachsenden Kindes.

Beispiel

Die Eltern von Julia bauen während ihres ersten Lebensjahres ein Haus. Dies ist ein sehr stressiges Unterfangen, auch, weil immer wieder das nötige Geld fehlt. Es kommt mehrfach zu schwerwiegenden Auseinandersetzungen zwischen den Eltern. Die erneute Schwangerschaft kommt der Mutter sehr ungelegen. Der Hausbau und die eineinhalb Jahre ältere Schwester fordern einen großen Teil ihrer Aufmerksamkeit. Sie kann sich nicht ausreichend um Julia kümmern, sodass der Säugling oftmals vergebens schreit. Julia wird gefüttert und gewickelt, aber ansonsten, aufgrund der Überforderung der Eltern, weitgehend sich selbst überlassen. Erst im zweiten Lebensjahr stellt sich heraus, dass Julia gehörlos ist. Sie kann demnach die anderen Familienmitglieder nicht einmal hören, sondern liegt oft sehr lange alleine in ihrem Bett. Julia hat mit drei Jahren kein funktionierendes Kommunikationssystem und lernt erst in der Pflegefamilie, mithilfe von Gebärden zu kommunizieren.

Julia kann, trotz vielfältiger Entwicklungs- und Lernfortschritte in der Pflegefamilie, kein angemessenes Bindungsverhalten aufbauen und entwickelt als junge Erwachsene eine Borderlinestörung.

Selbst **unmittelbar nach der Geburt zur Adoption freigegebene** und sofort den späteren Adoptiveltern übergebene Kinder können durch das erlittene Bindungstrauma, den Verlust der leiblichen Mutter oder erhebliche Stresserfahrungen im Mutterleib, schwer beeinträchtigt sein. Bindung entsteht bereits in der Zeit der Schwangerschaft. Der Fötus kennt beispielsweise die Stimme der Mutter. Durch eine negative Einstellung zur Schwangerschaft, durch ungünstige Lebensbedingungen oder Komplikationen bei der Geburt können ebenfalls Traumata entstehen.

Zwei Typen von Trauma

Traumatyp 1
(zum Beispiel Bindungstrauma, Verlust naher Angehöriger, Naturgewalten)

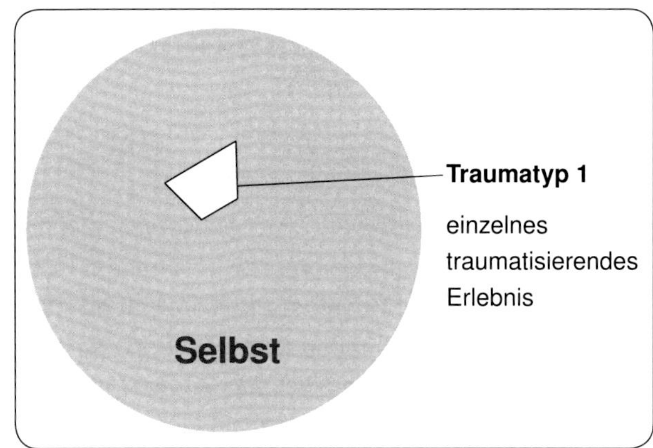

Bei diesem Traumatyp handelt es sich um ein einzelnes Erlebnis. Das Wiedererinnern ist recht klar und lebendig möglich. Die Behandlungschancen sind gut.

Traumatyp 2
(zum Beispiel sexueller Missbrauch, Misshandlung, Kriegserlebnisse)

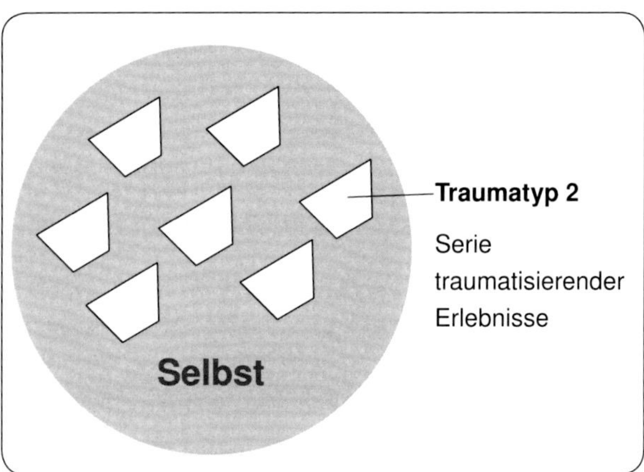

Bei diesem Traumatyp handelt es sich um sich wiederholende traumatische Erfahrungen. Das Wiedererinnern ist sehr diffus und es besteht die Tendenz, dass der Betroffene immer wieder in die Dissoziation geht oder dissoziative Zustände erlebt. Bindungsstörungen sind fast unvermeidbar. Diese Form der Traumatisierung ist schwerer behandelbar.

Schwere des Traumas

Je **früher** ein Trauma erlebt wird, welches in den Identifikationsprozess des Kindes eingreift – etwa ein Bindungstrauma –, und je **mehr** traumatische Erlebnisse ein Kind hat – zum Beispiel wiederholter sexueller Missbrauch –, desto gravierender sind die Folgen. Umso tief greifender sind die Schäden am Aufbau der Persönlichkeitsstruktur.

Übergriffe im zwischenmenschlichen Bereich, die mit Vorsatz, wie beispielsweise beim sexuellen Missbrauch, geschehen, werden vom Individuum als schwerwiegend erlebt, weil sie das Vertrauen des Betroffenen missbrauchen und zu großer Irritation führen – „Papa liebt mich doch eigentlich und soll mich beschützen, warum tut er mir so weh?" – und so den Verlust von Vertrauen in andere Menschen nach sich ziehen.

Ebenfalls besonders schwerwiegend sind wiederholte oder lange andauernde Bedrohungen des Betroffenen, wie man sie bei Kriegskindern vermuten kann. Die folgenden besonders stark wirkenden Ereignisse führen zu tief greifenden Verletzungen:

- vorsätzliche Handlungen
- zwischenmenschliche Übergriffe
- nahestehende Person als Täter
- wiederholt und länger andauernde Bedrohungen
- Kriegserlebnisse

Was sind Traumafolgen?

Erlebt ein Kind bedrohliche Ereignisse wiederholt oder sind sie besonders intensiv, so verändert das Gehirn seine Funktionsweise. Es befindet sich in einem Zustand erhöhter Wachsamkeit und sieht Gefahren, wo eigentlich gar keine sind. Die Konzentration etwa auf Lerninhalte ist gestört und das Kind somit vermindert leistungsfähig.

Beispiel

Ein Kind, das einen schweren Wohnungsbrand oder die Zerstörung eines ganzen Viertels im Krieg erlebt hat, gerät vielleicht in Panik, wenn in der Klasse zum Advent Kerzen angezündet werden und es den Brandgeruch des ausgeblasenen Streichholzes wahrnimmt.

Entsprechend der vermeintlichen Bedrohung werden chemische Stoffe ausgeschüttet. Diese führen zum Beispiel zu schnellem Anfluten von Erregung oder Angst (Flucht-/Kampfreaktion), zur Erstarrung oder zu dissoziativen Zuständen (Veränderung der Wahrnehmung). Bei kleinsten Anlässen von Stress können diese Reaktionen reflexartig aktiviert werden. Ein Trauma kann demnach zu einer Störung der Hirnentwicklung führen.

Jedes Kind hat seine eigene Strategie, mit dem Erlebten umzugehen. Einige gehen vor allem in die Dissoziation, andere in die Übererregung. Die meisten wechseln jedoch zwischen den beiden Zuständen. Liegt eine große Angst zugrunde, so reagiert das Kind häufig eher mit Trotz und Aufsässigkeit. Dieses Verhalten wird dann oft als stures und vorsätzliches Handeln vom Erwachsenen verstanden und die zugrunde liegende Angst nicht wahrgenommen.

Wichtig

Als Lehrkraft sollten Sie wissen, dass das traumatisierte Kind grundsätzlich anderen Menschen gefallen möchte und nach Harmonie strebt wie alle Kinder. Trotzdem verhält es sich zeitweise seltsam. In diesen Phasen kann es sich, seinen Körper und seine Gefühle nicht kontrollieren.

Kinder zeigen nach Levine/Kline (2005) drei mögliche Varianten als Folge traumatisierender Erlebnisse:

1. Chronische Übererregung
2. Dissoziation
3. Einfrieren/Erstarrung und Bewegungsunfähigkeit

Chronische Übererregung

Symptome chronischer Erregung sind:

- Panikattacken, Ängste, Phobien
- extreme Licht- und Geräuschempfindlichkeit
- Überaktivität, Ruhelosigkeit
- übertriebene emotionale Reaktionen
- Albträume
- Vermeidungsverhalten, „Klammern“
- häufiges Weinen
- Reizbarkeit
- abrupte Stimmungswechsel, zum Beispiel Wutausbrüche
- Risikoverhalten
- ein Sich-angezogen-Fühlen von gefährlichen Situationen
- regressive Verhaltensweisen (Daumenlutschen, Bettnässen)

Übererregung tritt vor allem bei älteren Kindern auf oder wenn sich die Traumatisierung auf eine Augenzeugenschaft oder eine aktive Rolle während des Ereignisses bezieht.

Sie kann auch zu massiven Einschlaf- und Schlafstörungen führen, weil im Prozess des Einschlafens immer wieder Bilder des Erlebten auftauchen. Auch leiden diese Kinder oft an Albträumen und vermeiden daher das Schlafen, um die Kontrolle über diese Erinnerungen zu behalten.

Dissoziation

Symptome von Dissoziation sind:

- Ablenkbarkeit und Unaufmerksamkeit
- Vergesslichkeit
- reduzierte Fähigkeit, zu planen und sich zu organisieren
- Gefühle von Isoliertheit
- abgeschwächte emotionale Reaktionen, die Bindungen erschweren
- häufiges Gefühl von Überanstrengung, schneller Ermüdbarkeit
- Tagträume und Angst davor, verrückt zu werden
- Leben in Fantasiewelten, Herbeifantasieren von Freunden

Ein typischer Satz für die Dissoziation wäre: „Ich weiß, dass mein Leben bedroht war. Aber es fühlt sich an, als ob es jemand anderem passiert ist.“

Die Dissoziation kommt häufiger bei kleinen Kindern oder bei traumatischen Ereignissen vor, die mit körperlichem Schmerz und Unfähigkeit zur Flucht verbunden sind.

Unter Dissoziation ist kein Lernen möglich!

Erstarrung

Typische Symptome von Einfrieren/Erstarrung und Bewegungsunfähigkeit sind:

- Kopfschmerzen
- Magen- und Darmbeschwerden
- Schuld- und Schamgefühle
- wenig Energie
- vermindertes Neugierverhalten
- Koordinationsprobleme
- übertriebene Anhänglichkeit

Alters- und geschlechtsspezifische Aspekte

Traumatisierte Kinder sind eher motorisch unruhig. Sie laufen umher, können nicht still sitzen. Sie sprechen in Babysprache, lutschen am Daumen und mögen vielleicht nicht mehr alleine schlafen. Sie klammern sich nicht altersgemäß an ihre Bezugspersonen und haben geringes Interesse an sozialen Kontakten.

Jugendliche leiden unter traumatischen Erlebnissen ähnlich wie Erwachsene. Sie geben sich alle Mühe, die immer wieder auftauchenden Gefühle und Gedanken zu vermeiden. Jedoch können sie sie in der Regel benennen. Entsprechend ihrem Alter ziehen sie sich eher von Erwachsenen zurück und wollen selbstständig sein, jedoch fehlt ihnen so ein Ansprechpartner für das, was sie belastet. Es geht ihnen schlecht und sie schämen sich dafür, dass sie alleine keine Lösung finden. Es ist ihnen sehr unbehaglich dabei, Hilfe einfordern zu müssen, und sie wissen nicht immer, an wen sie sich wenden können.

Aus diesem Konflikt heraus ziehen sie sich von der Familie und Freunden zurück, verweigern vielleicht auch den Schulbesuch.

Stärker als Kinder zeigen sich die Auswirkungen der Traumatisierung durch Reizbarkeit, Schlaflosigkeit, Depression, selbstverletzendes Verhalten, Aggressionen, Tagträume und Ängste. Der Griff zu Alkohol oder Drogen, um die negativen Erinnerungen zu betäuben, liegt nahe.

Jungen agieren eher nach außen (Reizbarkeit, Widerstand, agressives und gefährdendes Verhalten), Mädchen nach innen (Depression, selbstverletzendes Verhalten, somatische Störungen).

Gespräche mit Jugendlichen gelingen, wenn sie stets das Gefühl haben, über die Intensität des Kontaktes selbst bestimmen zu können. Es ist wichtig, die emotionalen Reaktionen des Betroffenen genau zu beobachten, um die Grenze zwischen Nähe und Distanz wahren zu können. In einem solchen Klima öffnen sich die Jugendlichen und können über das Erlebte oder dessen Folgen für sie sprechen.

B Beispiel

Paul wird im Alter von eineinviertel Jahren aus dem Ausland adoptiert. Es gibt kein Wissen über die Herkunftsfamilie und die Beweggründe der Freigabe zur Adoption (Frühtraumatisierung).

In der Schule läuft es von Anfang an nicht gut mit Paul. Er kann sich nur schwer auf den Unterricht konzentrieren, hat eine geringe Aufmerksamkeitsspanne, kann sich und sein Material nur schlecht organisieren. Er fühlt sich schnell als Außenseiter (Dissoziation). Seine schulischen Leistungen sind entsprechend eher schwach. Bereits mit acht Jahren streunt er nachmittags durch den Stadtteil und verdient sich Geld mit dem Sammeln von Pfandflaschen. Seit Einführung des Pfandes für Plastikflaschen ist seine Ausbeute nicht unerheblich. Paul ist es von klein auf sehr wichtig, eigenständig zu sein. Er mag seine Adoptivfamilie, aber er strebt nach Unabhängigkeit.

Seit dem zehnten Lebensjahr wird es zu Hause zunehmend schwieriger. Er hält sich nicht an Anweisungen, ist emotional labil, neigt zu abrupten Stimmungswechseln, wird sehr laut, provoziert die Geschwister (chroni-

sche Übererregung und Kontrolle). Mit dem Wechsel zur weiterführenden Schule zeigt er kaum noch Lernaktivität. Die verständnisvollen Lehrer sind zunehmend hilflos. Seit der siebten Klasse besucht er die Schule nicht mehr, sondern streunt im Stadtteil herum, trifft sich mit Obdachlosen. Jugendhilfemaßnahmen wie ein Erziehungsbeistand erreichen ihn nur wenig. Als sein Verhalten in der Familie nicht mehr tragbar ist, wird er in einer Wohngruppe untergebracht. Aus dieser flüchtet er wiederholt zurück zu den Adoptiveltern, obwohl er dafür 200 Kilometer zurücklegen muss. Er hat große Angst, in der Schule zu versagen, und findet den Weg dorthin daher nicht mehr. Sein Grundgefühl ist es, aus seinem Ursprungsland geraubt worden zu sein. Auf das Angebot, einmal dorthin zu reisen, geht er nicht ein, lehnt dies fast panisch ab.

Traumaüberlebende

Man muss sich bei der Betrachtung von Traumafolgen auch immer wieder bewusst machen, dass, was auch immer geschehen ist, das Kind überlebt hat! Es ist nicht nur Opfer einer Traumatisierung, sondern in erster Linie **Überlebender.**

Dies macht deutlich, dass das Kind eine Kraft und Stärke hat, die ein gutes Fundament für sein weiteres Leben sein kann. Die Reaktionen der Kinder sind als normale Reaktionen auf ein sehr großes Stressereignis zu sehen. Ihre teilweise seltsamen Verhaltensweisen haben einen guten Grund.

! Wichtig

Unser Organismus verfügt über die Fähigkeit, traumatisierende Erfahrungen zu verarbeiten. Es gilt, die Selbstheilungskräfte zu aktivieren.

Das größte Hindernis beim Umgang mit traumatisierten Kindern und Jugendlichen ist die hohe Erregung, in die die Betroffenen geraten, wenn sie sich wieder in einer scheinbar ausweglosen Situation befinden. Und dies können, wie bereits geschildert, geringste und für Außenstehende kaum erkennbare Anlässe sein.

Diese Erregung springt blitzschnell auf alle an der Situation Beteiligten über. Es ist daher enorm wichtig, so gut es geht, ruhig zu bleiben, die eigene Erregung zu dämpfen. Dies trägt dazu bei, dass sich der Schüler sicherer fühlen kann.

Wie lassen sich Traumata überwinden?

Schutzfaktoren und Resilienz

Je mehr Schutzfaktoren ein traumatisiertes Kind hat, desto besser kann es das Trauma überwinden und desto weniger wird es unter den Folgen des Traumas leiden. Schutzfaktoren sind:

- optimistische Grundeinstellung
- Intelligenz
- positives Weltbild
- ausreichende Befriedigung der Grundbedürfnisse
- stabile und vielfältige soziale Kontakte
- kompensatorische Erwachsene
- Unterstützer
- stabile finanzielle Situation
- stabile Wohnverhältnisse

Ein wichtiges Stichwort in der Traumabewältigung ist die **Resilienz.**

> *„Resilienz wird vielfach als ein Merkmal einer Person angesehen, die unbeschadet aus Belastungen hervorgeht (…) Diese Betrachtungsweise geht davon aus, dass der resiliente Mensch sich durch bestimmte Eigenschaften und Kompetenzen auszeichnet, die es ihm erlauben, die Traumata und Belastungen erfolgreich zu bewältigen.“* (vgl. Schreiber/Iskenius, 2013, S. 4)

Diese lediglich auf die einzelne Person bezogene Definition von Resilenz wird in der Wissenschaft diskutiert. Es gibt andere Meinungen, die für die resiliente Reaktion auf Belastungen auch der Umwelt eine wesentliche Bedeutung zuschreiben.

Die eben beschriebenen Schutzfaktoren können dem Betroffenen helfen, das Trauma zu verarbeiten und wieder ins seelische Gleichgewicht zu kommen. Aus diesem Grund kommt der Schule mit ihren Möglichkeiten, den Unterricht, das Schulleben und die sozialen Kontakte zu gestalten, eine große Rolle zu. Gelingt es, ein Klima des Angenommenseins in der Klasse zu schaffen und die Gemeinschaft der Schüler zu stärken, so hilft dies dem traumatisierten Schüler. Transparente und strukturierte Unterrichtsmethoden dienen der Orientierung. Eine Haltung, dass auch Fehler zum Lernen gehören, stärkt das Selbstwertgefühl. Immer wieder einmal für die Schüler leicht zu bewältigende Aufgaben verschaffen ihnen Erfolgserlebnisse. Durch Aufgaben oder Ämter, die zu erledigen sind, und Mitwirkungsmöglichkeiten können sie die so wichtigen Selbstwirksamkeitserfahrungen machen.

Phasen der Verarbeitung eines Traumas

Die psychische Verarbeitung nach einem aktuellen traumatischen Erlebnis (zum Beispiel Verlust eines Anghörigen, Naturgewalten) verläuft spiralförmig in drei Schritten – im Idealfall mit abnehmender Tendenz bis hin zu einem zunehmend unbeschwerteren Leben nach dem Trauma:

- Schockreaktion
- Einwirkphase
- Erholungsphase

Die **Schockreaktion** ist geprägt von Trauer und Wut. Betroffene berichten davon, sich wie betäubt gefühlt zu haben. Sie sind nervös, unruhig und können sich kaum konzentrieren. Der Schockzustand kann kurz sein, er kann aber auch etliche Tage andauern.

Das Selbst ringt um Balance, für den Betroffenen gilt es, damit „fertigzuwerden" und zum „normalen" Leben zurückkehren zu können.

In der **Einwirkphase** haben die Traumatisierten das Gefühl, dass ständig Gefahr droht. Darauf reagieren sie mit übersteigerter Angst, das Ereignis könnte sich wiederholen. Bilder drängen immer wieder machtvoll ins Bewusstsein. Flashbacks überlagern die aktuelle Wahrnehmung. Oft genügt ein Geruch oder nur ein Gedanke daran und der Körper erzittert.

In der **Erholungsphase,** nach etwa 14 Tagen, manchmal erst nach vier Wochen, beginnen sich die Betroffenen von dem Trauma zu erholen. Die Dauererregung sinkt und nicht jeder Gedanke an das Geschehen löst jetzt wieder den vollen Schrecken aus. Das Interesse am normalen Leben, an anderen Menschen kehrt zurück. Es gibt wieder eine Zukunft.

Noch immer ist das traumatische Erlebnis von zentraler Bedeutung und es kann noch lange dauern, bis die Welt und das Selbstbild wieder geradegerückt sind. Etwa zwei Drittel der Erwachsenen zeigen auch ohne Therapie nur durch die Aktivierung ihrer Selbstheilungskräfte nach etwa einem Jahr keine Traumafolgen mehr.

B Beispiel

Denken Sie an den Flugzeugabsturz der Germanwings-Maschine in den Alpen. Die oben beschriebenen Phasen haben die Angehörigen durchgemacht. Manch einer wird – aufgrund der Schwere der Traumatisierung durch die vorsätzliche Tätlichkeit des Kopiloten – jahrelang für die Verarbeitung benötigen.

Auch die vielen Vertriebenen im und nach dem Zweiten Weltkrieg sind traumatisiert. Psychologen gehen davon aus, dass ein Großteil der Deutschen nachhaltig durch Traumatisierung beeinflusst worden ist. Denn kann ein Trauma nicht verarbeitet werden, weil die nachfolgenden Lebensumstände mehr als schwierig sind und die volle Aufmerksamkeit des Betroffenen fordern, wie damals in den Nachkriegsjahren in Deutschland, verfestigt es sich in der Psyche der Betroffenen.

Wenn es jedoch gelingt, die in der traumatisierenden Situation erlebten Gefühle in ihrer Gesamtheit zu betrachten, kann wieder ein normales Leben möglich sein. Es kann sogar ein Zugewinn entstehen, ein Hinauswachsen über alte Grenzen. Die Betroffenen können ins Leben zurückfinden.

Traumatherapie

Nach einer erlittenen Traumatisierung oder bei Verdacht auf eine frühkindliche Traumatisierung sollte das betroffene Kind bei einem Traumatherapeuten vorgestellt werden.

In der Therapie kann es gelingen, dass der Betroffene die als traumatisierend wirkenden Erinnerungsinhalte neu bewertet und einordnet, sodass sie als Teil der eigenen Geschichte empfunden werden und somit der aktuelle Erregungszustand zurückgefahren werden kann.

Erreicht wird dies über die Förderung des Selbstverstehens, die Unterstützung der Selbstakzeptanz, die Sensibilisierung für Körperempfindungen und Gefühle, die Förderung der Körperwahrnehmung, die Befähigung, wieder Vertrauen in Beziehungen zu fassen, und schließlich die Förderung der Selbstregulation.

Das Stärken des Selbstbildes kann den Schaden durch die starken Ängste beheben. Die belastenden Gefühle treten immer seltener auf und der Betroffene kann unbelasteter durchs Leben gehen und sich den Aufgaben stellen, die an ihn herangetragen werden.

Therapie kann dem Betroffenen Linderung oder auch eine weitgehende Heilung bringen.

Welche Rolle spielen Bindung und Bindungsstörungen?

Bisher ging es um die Folgen, die traumatische Erlebnisse für das Individuum und seine Entwicklung bezogen auf das Selbst zeitigen. Nicht außer Acht zu lassen sind jedoch auch die Auswirkungen, die solche Erlebnisse auf die Bindungsfähigkeit eines Menschen, insbesondere eines Kindes haben.

Der Wahrnehmung einer existenziellen Bedrohung, die eine entsprechende Alarmreaktion im Gehirn des Betroffenen auslöst, folgt immer der Versuch, das Bindungssystem zu aktivieren, sich Hilfe bei einer anderen Person zu holen. Wie wir gesehen haben, kann auf diese in traumatisierenden Situationen nicht zurückgegriffen werden. Das Individuum ist auf sich selbst gestellt. Dies führt unweigerlich zu Misstrauen gegenüber anderen Menschen. In einer solchen Situation allein gelassen worden zu sein, hinterlässt Spuren.

Beispiel

Die Schwimmerin aus dem obigen Beispiel wird sich, wenn sie denn überhaupt wieder ein Freibad betreten wird, entweder permanent vergewissern, dass ein Bademeister in greifbarer Nähe ist, oder sich nur noch zusammen mit einer anderen, vertrauten und im Schwimmen kompetenten Person ins Wasser trauen. Diese muss dann permanent an ihrer Seite sein. „Einfach so" wird sie sich, zumindest zunächst, nicht mehr auf Bademeister verlassen können.

Das Neugeborene, das plötzlich die leibliche Mutter nicht mehr sehen, spüren, riechen und hören kann, weil es zu Adoptiveltern gegeben wurde, oder der Säugling, dessen Grundbedürfnisse nicht befriedigt werden, weil die Eltern oder das Pflegepersonal in Kinderheimen überfordert sind, wird neuen Bindungsangeboten skeptisch gegenübertreten.

Pflege- und Adoptiveltern kennen nur zu gut das in den ersten Monaten kritische und immer wieder die Belastbarkeit der neuen Beziehung testende Verhalten eines in dieser Weise irritierten Kindes.

Beispiel

Paul, der fast zwanghaft Pfandflaschen sammelt, um damit sofort und unabhängig von den Adoptiveltern seine Bedürfnisse zu stillen, ist ein Beispiel für einen Jugendlichen mit einer schweren Bindungsstörung.

Unbegleitete minderjährige Flüchtlinge, die auf ihrer Flucht aus dem Heimatland nach Deutschland sicherlich verschiedenen sehr bedrohlichen Situationen ausgesetzt waren, in denen sie nicht auf die Hilfe ihrer Eltern oder anderer Bezugspersonen zurückgreifen konnten, werden lange brauchen, um sich hier wieder binden und damit auch ein Stück weit abhängig machen zu können.

Kommt es zur Misshandlung oder zu sexuellem Missbrauch durch engste Bezugspersonen des Kindes, so ist dessen Vertrauen in andere Menschen oft nachhaltig gestört oder sogar nahezu zerstört. Diese Kinder streben nach Unabhängigkeit und wollen sich zunächst auf keinen Fall wieder an andere

Menschen enger binden, weil sie diese als gefährlich erlebt haben. Sie testen das Bindungsangebot andauernd.

Bindungsstörungen können auftreten, wenn ein Kind während der ersten Lebensjahre nicht die Möglichkeit hatte, Vertrauen zu mindestens einer Bezugsperson aufzubauen (vgl. Caymmi Bosworth, 2008, S. 13).

Aus diesen Ausführungen wird deutlich, dass man sich beim Thema Trauma auch immer mit dem menschlichen Bindungsverhalten beschäftigen muss.

> *„**Bindung** wird als imaginäres Band zwischen zwei Personen gedacht, das in den Gefühlen verankert ist und das sie über Raum und Zeit hinweg miteinander verbindet.“* (vgl. Ainsworth, 1979, S. 68)

Bindungsverhalten ist angeboren. Es findet sich in allen menschlichen Kulturen und dient dem Schutz vor Gefahren. Bindungsverhalten wird aktiviert, wenn der Mensch Schutz benötigt, zum Beispiel bei Müdigkeit, Gefahr und Angst. Es dient der Bewältigung von beängstigenden Situationen und zur Regulierung von Ängsten.

Ob ein Erwachsener als sichere Basis für das Kind dienen kann, ist abhängig von:

- den Bindungserfahrungen des Erwachsenen (ggf. eigene Traumatisierungen)
- seiner momentanen Verfassung und damit Offenheit

! Wichtig

Bindungssicherheit ist eine grundlegende Voraussetzung zur optimalen Entfaltung der Lernmöglichkeiten eines Kindes. Eine bewegliche Balance zwischen Bindungs- und Neugierverhalten hilft dem Kind, seine Fähigkeiten zu trainieren.

Ein Kind, das sich überwiegend sicher gebunden fühlt, sammelt sehr viel mehr Erfahrungen mit der Welt, weil sein Erkundungssystem hierdurch aktiviert ist. Die Umweltreize oder Lernerfahrungen wirken insbesondere in den ersten Lebensjahren direkt auf die Entwicklung des Gehirns ein. Eine Nervenzelle, die häufig benutzt wird, übermittelt Informationen sehr viel leichter als eine nur selten aktivierte. Sie wird außerdem angeregt, Versprossungen und Verknüpfungen (Synapsen) zu anderen Nervenzellen zu bilden. Selten benutzte Nervenverbindungen verkümmern dagegen oder werden sogar abgebaut.

Zwei Theorien zur Entstehung von Bindung

Für die Entstehung von Bindung gibt es zwei Theorien.

Theorie 1 (vgl. Caymmi Bosworth, 2008) geht davon aus, dass der Fötus und die Mutter **bereits in der Schwangerschaft** ein emotionales Band zueinander entwickeln und während dieser Zeit das sogenannte Bonding geschieht. Dieses Band bleibt bestehen, auch wenn Mutter und Kind nach der Geburt getrennt werden. Die Trennung hinterlässt beim Kind eine große Leere und Angst. Die Trennung führt demnach zu Bindungsstörungen, da der Verlust der leiblichen Mutter für das Kind schwerwiegend ist.
Das verlassene Kind fühlt sich unerwünscht und kann auch bei einer späteren Adoption oder einer Aufnahme bei Pflegeeltern nur schwer glauben, dass diese neue Beziehung dauerhaft ist. Dies führt zwangsläufig zunächst zu Bindungsunsicherheiten.

Theorie 2 (vgl. Grossmann/Grossmann, 2004) besagt, dass bei der Geburt noch keine Bindung existiert, sondern diese **erst im Verlauf des ersten Lebensjahres** entsteht. Vor dem sechsten Lebensmonat lächelt ein Säugling, bei gutem Gemütszustand, nahezu jede Person an und lässt sich durch verschiedene Personen beruhigen und versorgen. Erst wenn ein Kind zu fremdeln beginnt, entwickelt es eine Vorliebe für eine bestimmte Bezugsperson. Dem Kind wird in der Entwicklung der Beziehung zur Bezugsperson eine aktive Rolle zugeschrieben. Das Kind äußert Verhaltensweisen, um mit der Bezugsperson in Kontakt zu treten. Durch Bewegungen, Gestik, Mimik und Laute macht der Säugling deutlich, dass er Nähe zur Bezugsperson herstellen möchte. Dieses Verhalten wird Bindungsverhalten genannt.

Kennzeichen dafür, dass ein Kind eine Bindung aufgebaut hat, sind:

- Vermissen und Suchen der Bezugsperson bei – auch kurzzeitigem – Verlust
- Trennungsschmerz
- Entspannung und Erleichterung bei der Wiederkehr der Bindungsperson

Das Hormon **Oxytocin** wird in der Schwangerschaft gebildet und fördert nach der Geburt das Gefühl, einander nahe sein zu wollen. Es ist landläufig bekannt als das Hormon, das die Muttermilchproduktion anregt. Oxytocin wird auch als Bindungshormon bezeichnet.

Die vier Bindungsmuster

Mary Ainsworth, eine Mitarbeiterin von John Bowlby, erforschte den bewussten Kontakt von Säuglingen zu ihrer Bezugsperson, woraus sie den Mut zur Welterkundung schöpfen. Sie entwickelte eine standardisierte Analyse, womit sie das Bindungs- und Trennungsverhalten von Kleinkindern untersuchen konnte (vgl. Brisch, 2009, S. 29–34).

Aus dieser Untersuchung ergaben sich die folgenden vier Bindungsmuster:

1. Das sicher gebundene Kind
2. Das unsicher vermeidende Kind
3. Das unsicher ambivalente Kind
4. Das desorganisierte Kind

1. Das sicher gebundene Kind

Dieses Kind zeigt großes Unbehagen, wenn die Bezugsperson den Raum verlässt. Es ruft nach ihr, sucht sie längere Zeit und beginnt schließlich zu weinen. Nach ihrer Rückkehr ist es sehr erfreut und sucht aktiv den Kontakt, um sich von der Bezugsperson beruhigen zu lassen. Nach kurzer Zeit kann es sich wieder von ihr lösen und zurück ins Spiel finden.

Das sicher gebundene Kind erkundet seine Umgebung, ist neugierig und spielt ausdauernd mit Gegenständen. Es krabbelt oder läuft herum und macht dabei vielfältige neue Erfahrungen.

2. Das unsicher vermeidende Kind

Das unsicher vermeidende Kind lässt das Weggehen der Bezugsperson scheinbar unbeeindruckt. Es spielt, wenn auch weniger intensiv, weiter. Trotzdem ist sein Herzschlag erhöht und Cortisol wird ausgeschüttet. Es zeigt seinen Trennungsschmerz nicht. Bei der Rückkehr der Bezugsperson reagiert das Kind neutral. Es hat sich den Verhaltensweisen seiner Bindungsperson angepasst. Unsicher vermeidend gebundene Kinder lernen, die vorhandene Nähe nicht durch Trostbedürfnis oder Traurigkeit zu gefährden. Erkundungsverhalten ist bei diesem Kind kaum vorhanden.

3. Das unsicher ambivalente Kind

Das unsicher ambivalente Kind zeigt in einer neuen und fremden Situation schon vor der Trennung Bindungsverhalten. Es löst sich nur schwer von seiner Bezugsperson und findet kaum ins Spiel. Geht die Bezugsperson weg, protestiert es und zeigt den größten Stress. Bei der Rückkehr reagiert es aber widersprüchlich. Es sucht einerseits die Nähe, klammert sich an die Bezugsperson, während es gleichzeitig aggressiv mit Strampeln, Schlagen oder Stoßen reagiert. Manchmal kann es auch nach mehreren Minuten nicht zum Spiel zurückfinden. Die Umgebung erkundet es kaum.

4. Das desorganisierte Kind

Das desorientierte oder desorganisierte Kind wirkt ängstlich und zeigt keine erkennbare Strategie, die Nähe zur Bindungsperson aufrechtzuerhalten. Es reagiert widersprüchlich auf die Trennung und zeigt beispielsweise auch deutlich erkennbare Furcht vor der Bindungsperson.

Im Speichel dieser Kinder lässt sich das Stresshormon Cortisol messen. Durch vermehrte Ausschüttung dieses Hormons kann der Hypocampus geschädigt werden. Dies kann später zu aggressivem und unsozialem Verhalten führen, wie wir bereits im Kapitel über die Entstehung von Traumata und deren Folgen gesehen haben. Auch unverarbeitete traumatische Erlebnisse in der späteren Kindheit führen zu Desorientierung im Verhalten und Denken.

Das Muster der desorganisierten Bindung wurde besonders häufig bei Kindern von Eltern gefunden, die ihrerseits unverarbeitete traumatische Erfahrungen in die Beziehung zum Kind einbrachten.

Auswirkungen des Bindungsverhaltens auf die Schule

Die Vorteile einer sicheren Bindung liegen nach dem Gesagten auf der Hand:

- großes Neugierverhalten
- Freude am Erkunden neuer Situationen und Zusammenhänge
- Fähigkeit, Konfliktlösungsstrategien zu entwickeln

Sicher gebundenen Kindern gelingt der Übergang vom Elternhaus in die Kita und später in die Schule leichter. Sie können sich von ihren Bezugspersonen lösen, weil sie die Sicherheit haben, diese nach dem Kita- oder Schultag wieder anzutreffen.

Brisch (2009) beschreibt acht Formen von Bindungsstörungen. Für Schule und Unterricht sind die folgenden sechs Muster wichtig:

1. **Kein Anzeichen von Bindungsverhalten:** Diese Kinder suchen nicht einmal mehr in einer Bedrohungssituation die Nähe zu einer Bezugsperson. Sie zeigen im Kontakt keine Bevorzugung einer bestimmten Person.
2. **Das undifferenzierte Bindungsverhalten:** Kinder mit diesem Bindungsmuster unterscheiden nicht, wie lange sie eine Person bereits kennen. Mit dieser Bindungsstörung gehen häufig selbstgefährdende Unfälle einher.

B Beispiel

Eine Pflegemutter berichtet in einer Pflegeelterngruppe, dass ihr fünfjähriger Pflegesohn im öffentlichen Raum auffalle, weil er sich immer wieder ohne erkennbaren Anlass von der Hand der Mutter lösen würde, um mit der vorbeigehenden Person weiterzugehen. Diese strahle er an, würde mit ihr beispielsweise auch in den Bus steigen. Dieses Verhalten irritiere und befremde verständlicherweise die betroffenen Passanten. Bei einem Fünfjährigen toleriert man ein solches Verhalten nicht mehr und findet es auch nicht niedlich. Der Junge ist als Kleinkind durch die leiblichen Eltern schwer traumatisiert worden.

3. **Das übersteigerte Bindungsverhalten:** Diese Kinder klammern sich exzessiv an ihre Bezugsperson. Sie reagieren in unbekannten Situationen überängstlich und sind bei einer Trennung untröstlich. Sie weinen, toben oder geraten in Panik.
4. **Das gehemmte Bindungsverhalten:** Kinder mit einem solchen Bindungsverhalten fallen durch übermäßige Anpassung auf. Sie kommen Aufforderungen oder Befehlen umgehend nach. Kinder mit dieser Bindungsstörung haben häufig massive körperliche Misshandlungen erlitten und haben gelernt, ihre Bindungswünsche zurückhaltend oder gar nicht zu äußern.
5. **Das aggressive Bindungsverhalten:** Diese Kinder zeigen häufig durch körperliche oder verbale Aggressionen ihren Wunsch nach Nähe. Sie leben in einer aggressiv geprägten Umgebung oder kommen daher. Sie fal-

len im Kindergarten und in der Schule als störend auf und suchen Kontakte über aggressive Interaktionen, wobei sie aber rasch zur Ruhe kommen, wenn eine Bindung hergestellt wurde. Den Bindungswunsch hinter diesem Verhalten zu sehen, ist für pädagogisches Handeln wichtig.

6. **Das Bindungsverhalten mit Rollenumkehrung:** Dieses Bindungsverhalten zeigt sich in einem Rollenwechsel zwischen Bezugsperson und Kind. Das Kind schränkt seine eigenen Wünsche weitgehend ein. Es hält sich in der Nähe der Bezugsperson auf und verzichtet bereitwillig auf das eigene Erkunden der Umwelt. Das Kind beschattet die erwachsene Person und ist ihr gegenüber freundlich und um ihr Wohlergehen besorgt.

Diese sechs Formen von Bindungsverhalten können uns in der Schule bei traumatisierten Kindern begegnen. Es ist wichtig, sie einmal kennengelernt zu haben, um Fehlinterpretationen des Schülerverhaltens vorzubeugen.

Das sich in einer traumatisierenden Situation befindende Kind muss, wenn es von Bezugspersonen keine Hilfe erfahren kann oder von seiner Bezugsperson gepeinigt wird, andere Fluchtmöglichkeiten suchen. Diese haben wir als Dissoziation oder Erstarrung kennengelernt. Das Kind ist gezwungen, die grauenhaften Erlebnisse zu verdrängen und sich so nach innen zu flüchten. Damit schützt es sich vor der lebensbedrohlichen Angst, die es zu überwältigen droht. Diese Angst ist dem Bewusstsein unzugänglich. Das Kind kann sich nicht mit ihr auseinandersetzen und hat somit keine Möglichkeiten zur Selbstregulation und zu Wachstum. Das Unterbewusstsein wehrt jede neu auftauchende Angst ab, um sich davor zu schützen. Solche Kinder protzen oder prahlen und überspielen damit ihre wahren Gefühle. Das Kind / Der Jugendliche wird sich in neuen Situationen vor negativen Bindungserfahrungen schützen wollen. Es/Er provoziert, nervt, zerstört Gegenstände und behandelt vielleicht die neuen Menschen, als würden sie es/ihn vernachlässigen oder schlagen. Hier mit Ärger oder Ohnmacht zu reagieren, ist eine normale und angemessene Reaktion des Erwachsenen. Es ist dennoch wichtig, die Ruhe zu bewahren und trotzdem den kindlichen Wunsch nach Bindung zu erwidern!

Gelingt es der Lehrkraft, freundlich und gelassen zu bleiben, steigert sich der Schüler jedoch zunächst noch einmal nach dem Motto: „Bevor man mich ablehnen kann, lehne ich andere ab!"

Kann die Lehrkraft das freundliche Verhalten aufrechterhalten, so beginnt der Schüler langsam, eine tragfähige Beziehung aufzubauen.

! Wichtig

Die gute Nachricht ist, dass das Bindungsbedürfnis eines Kindes immer bestehen bleibt.

Es ist davon auszugehen, dass das Grundmotiv des Bindungssystems, nämlich Sicherheit herzustellen, und das Bedürfnis des Kindes, feinfühlige und altersangemessene Zuwendung (einschließlich der Erfahrung von Grenzen) erleben zu dürfen, immer aktiv ist (vgl. Scheuerer-Englisch 2002).

Durch einen Wechsel aus der traumatisierenden Umgebung, zum Beispiel in eine Pflegefamilie oder durch Flucht in ein anderes Land, kann ein Kind sich positiv entwickeln, aber gleichzeitig in anderen Bereichen auf frühkindlichen Stufen verharren. Es fühlt sich schnell überfordert oder hat keine Energie, Aufgaben zu erledigen. Traumatisierte Kinder sind oft unbeherrscht und leben in manchen Momenten wie ein Kleinkind (vgl. Nienstedt/Westermann, 2007, S. 43 und 69).

Somit wirken diese Kinder emotional häufig jünger, als sie tatsächlich sind. Daher sollte sich pädagogisches Handeln, wann immer dies möglich ist, am emotionalen Alter des Schülers orientieren. Vielleicht kann auch die Wiederholung einer Klasse aus diesem Grunde sinnvoll sein.

Je jünger ein Kind emotional ist, umso wichtiger ist eine persönliche Bindung der Lehrkraft ans Kind, weil jüngere Kinder eher über die Person lernen als über die Sache.

Lehrkräfte sollten sich in diesem schwierigen Prozess Unterstützung holen. Kommt ein bindungsgestörter Schüler neu in die Klasse, sollte so häufig wie möglich eine Doppelbesetzung im Unterricht sein, damit sich abwechselnd immer wieder eine Person mit dem betroffenen Schüler beschäftigen kann. Nicht immer muss die andere Person eine Lehrkraft sein. Wobei es natürlich wünschenswert wäre, dass sich hier Regelschullehrkräfte und Sonderpädagogen ergänzen. Da dies im Schulalltag nicht immer gegeben sein wird, kann auch eine Erzieherin aus der Schulsozialarbeit (vgl. Kapitel „*Schulsozialarbeit*") oder eine andere in der Schule verfügbare Person unterstützend tätig werden.

Teil 2: Auswirkungen von Traumata auf Schule und Unterricht

Was müssen Sie wissen zum Umgang mit traumatisierten Kindern und Jugendlichen?

Was hilft?

Während wir uns in den vorherigen Kapiteln mit dem Trauma, seinen Folgen und den Bindungsstörungen beschäftigt haben, soll es nun darum gehen, wie man die Betroffenen positiv stützen kann. Folgendes hilft dem Traumatisierten:

- Transparenz
- verlässliche Beziehungen
- sichere Orte
- positive Verstärkung seines Handelns und Seins
- Entlastung bei Stress, Auszeiten
- Berücksichtigung der Traumasymptome
- Information der Betreuungspersonen

! Wichtig

Sich „sicher fühlen“ heißt immer auch: „Ich habe die Kontrolle über das, was in und mit mir passiert.“

Was verstärkt alte Ängste?

Traumatisierte Kinder und Jugendliche sollten, so gut es geht, vor **neuen gefährlichen Situationen** geschützt werden. Veränderungen, die Ängste auslösen, sind tunlichst zu vermeiden. Es gilt auch, räumlich sichere Orte zu schaffen, in denen der Betroffene ankommen und entspannen kann.

Bezogen auf die Situation der Flüchtlinge in Deutschland ist es wichtig, dass Familien mit Kindern aus den Erstaufnahmelagern möglichst schnell in Unterkünfte verlegt werden, die für einen längeren Zeitraum ihr neues Zuhause werden können. Dazu gehört dann auch der regelmäßige Schulbesuch.

Es sollte nach dem bisher Gesagten selbstverständlich sein, dass Kinder, die sich aufgrund einer Traumatisierung seltsam und auffällig verhalten, nicht ausgelacht werden. Hier ist der Schüler ggf. vor Mitschülern zu schützen. Ein wichtiges Thema kann die Aufklärung (vgl. Kapitel *„Soziales Miteinander unterstützen“*) der Klasse sein. Wenn die Mitschüler wissen, warum sich der Schüler manchmal seltsam verhält, führt dieses Wissen in der Regel zu einem verständnisvolleren Umgang miteinander. Mitschüler sollten vermittelt bekommen, dass traumatisierte Schüler sich nicht immer steuern und kontrollieren können. Das betroffene Kind fühlt sich in solchen Situationen schlecht und als Versager, wenn es zusätzlich zum verunsichernden Kontrollverlust noch kritisiert oder bestraft wird. Der Schüler braucht Verständnis.

Es kann die Angst verstärken, wenn man im Beisein des Kindes oder gegenüber anderen Menschen über seine Probleme spricht. Damit dies nicht immer wieder erklärt werden muss, ist ein klares Zeichen für die Mitschüler wichtig. Dieses signalisiert, dass der betroffene Schüler sich gerade – wieder – in einer unkontrollierten Situation befindet und daher Vorsicht und Umsicht geboten sind (vgl. auch Ablaufplan im Kapitel *„Phasen der besonders hohen Erregung"*).

Was bedeutet das Wissen um Traumatisierungen für Sie als Lehrkraft?

Für Lehrkräfte ist es eine Herausforderung, mit einem traumatisierten Kind oder Jugendlichen zu arbeiten. Im ersten Teil dieses Buches habe ich dargestellt, was ein Trauma ist, wie es auf den Betroffenen wirkt und welche Folgen es haben kann. In diesem Teil soll es nun um den Umgang mit traumatisierten Schülern gehen.

Traumafolgen (in der Schule) erkennen

Traumatisierte Schüler zeigen auffälliges Verhalten, das vom Traumaunkundigen nicht in diesen Zusammenhang gebracht wird, weil es recht unterschiedlich sein kann (Dissoziation, Erstarrung oder chronische Übererregung) oder auch stark wechselt. Mit dem entsprechenden Hintergrundwissen sind die Verhaltensweisen verstehbar und adäquates Handeln wird möglich.

Bei **Flüchtlingskindern** können wir uns am ehesten vorstellen, dass diese Schüler Belastendes erlebt haben. Bei **frühtraumatisierten Pflege- und Adoptivkindern** jedoch herrscht die landläufige Meinung, dass „sie doch nun schon so viele Jahre in der neuen und fürsorglichen Familie leben", dass auffälliges Verhalten eher dem Erziehungsstil der Pflege- und Adoptiveltern zur Last gelegt wird denn der frühen Traumatisierung. Hier kann das Nichtwissen um diese Prozesse zu sehr schwierigen Lehrer-Schüler- und Lehrer-Eltern-Verhältnissen führen. Gegenseitige Schuldzuweisungen sind die Folge und für die Entwicklung des Schülers nicht förderlich.

Die dritte, ebenso wichtige Gruppe bilden Schüler, die aktuell in einer **traumatisierenden Umgebung leben müssen.** Zu erkennen, dass hier eine Traumatisierung gerade stattgefunden hat oder noch anhält, kann für die Betroffenen von ungeheuer großem Wert sein. Besonnenes, auf Hintergrundwissen beruhendes Handeln wird das Kind oder den Jugendlichen aus der belastenden Situation befreien können.

Trauma und Kontrollbedürfnis

Es hilft, die Traumabrille aufzusetzen und zunächst einmal das Verhalten des Schülers so genau wie möglich zu beobachten. Am besten holen Sie sich einen Dritten, zum Beispiel einen Praktikanten, in die Klasse, der nur die eine Aufgabe hat, den Schüler zu beobachten und seine Beobachtungen zu notieren.

Akzeptieren Sie, dass es für Sie notwendig sein kann, sich Ihre eigenen Gefühle und Reaktionen in kritischen Situationen mit dem Schüler anzusehen. Dies wird nötig sein, um dem Trauma angemessene pädagogische Handlungsmöglichkeiten zu entwickeln und zu nutzen.

Traumatisierte Kinder versuchen nahezu zwanghaft, die Kontrolle über jede Situation zu behalten. Dies ist eine Überlebensstrategie.

Vor dem Hintergrund dessen, was ihnen widerfahren ist, ist dies eine nur allzu logische Reaktion. Ein Kind, welches existenzbedrohende Erfahrungen gemacht hat, wird sich keinesfalls wieder freiwillig in die Rolle des Abhängigen begeben. Auch um die immer wieder auftauchenden Erinnerungsfetzen „in Schach zu halten“, neigen diese Menschen dazu, stets die Kontrolle zu behalten. Ohne Kontrolle fühlen sie sich verwundbar, sie wissen nicht, was als Nächstes kommt und wie sie sich davor schützen können. Dies kann so weit gehen, dass das Kind bei der Gestaltung der Stunde in Konkurrenz mit der Lehrkraft tritt. Es kann zu einem „Kampf“ um die Aufmerksamkeit der Mitschüler kommen. Aber auch extremer Ehrgeiz könnte eine Folge sein.

Spätestens in der Schule wird jedoch ein Verhalten erwartet, das von einer gewissen Abhängigkeit gekennzeichnet ist. Das Kind wird jedoch weiter versuchen, unter allen Umständen über sich selbst zu bestimmen, die Kontrolle zu behalten. Ein Aufgeben dieser Haltung ist erst möglich, wenn das Kind durch seine eigene Leistung ein wenig Selbstachtung und Selbstwertgefühl erlangen konnte.

Im Schulalltag ist es allerdings schlicht nicht möglich, den Unterricht auf einen einzelnen Schüler auszurichten, sodass er die Kontrolle stets behalten kann. Schule ist Veränderung und Schule macht auch Besonderes aus, wie ein Wandertag, ein Klassenfest und auch einmal spontanes Umstellen des Stundenplans, der Sitzordnung usw. Hier entscheidet die Lehrkraft und dies sollte auch so bleiben. Sich zum Sklaven der Traumatisierung und ihrer Folgen zu machen, kann nicht der Sinn des Ganzen sein.

Um das Sicherheitsgefühl des Schülers nicht zu gefährden, ist es sinnvoll, ihm durch Wahlmöglichkeiten (dies gilt auch für drohende Konsequenzen) das Gefühl von Kontrolle zu geben. Der Schüler sollte entscheiden können, ob er am gemeinsamen Singen von Adventsliedern mit allen Klassen der Schule in der Aula teilnehmen kann oder ob er sich lieber im vertrauten Nebenraum in dieser Zeit Bücher ansieht.

Schule – insbesondere die Grundschule – ist ein Bereich, in dem **Beziehungen** eine besonders große Rolle spielen. Kinder, die ihre Lehrer mögen, lernen leichter. Dem Beziehungsaufbau zu einem traumatisierten Schüler kommt demnach eine tragende Rolle zu. Es kann als Erfolg gewertet werden, wenn es gelingt, eine vertrauensvolle auf Gegenseitigkeit beruhende Beziehung zum traumatisierten Schüler aufzubauen. Dies ermöglicht es ihm, neue und positive Entwicklungen zu vollziehen.

Wer glaubt, diese Schüler **provozierten und testeten unsere Grenzen,** sieht nur die Oberfläche des Verhaltens. Dies habe ich im Kapitel zu den Bindungsstörungen ausführlich beschrieben. Fehlverhalten ist grundsätzlich auch als Kontrollverlust anzusehen. Bedenken Sie immer, dass die Intensität der Gefühle in der **aktuellen Situation** der Intensität der **damaligen Bedro-**

hungssituation entsprechen kann. Denn die traumabedingten Gefühle wurden in unverarbeiteter Form gespeichert.

Provoziert ein Schüler, um hinausgeworfen zu werden, so hat er gesiegt. Denn er hat dies aktiv herbeigeführt und so keinen Kontrollverlust erlitten. Der Schüler will nur überleben, seine Schulleistungen und deren Bewertung sind in dem Moment zweitrangig.

Es hilft, den Schüler „ans lange Band“ zu nehmen, in kritischen Phasen nahezu wörtlich. Die Nähe zu Ihnen, dem Regelnden und Entscheidenden, hilft dem verunsicherten Schüler, die Kontrolle auch über sich behalten zu können. Lassen Sie ihn neben sich sitzen, geben Sie ihm Aufträge, lassen Sie ihn in der Klasse und auch in Fachräumen vorne sitzen und halten Sie Blickkontakt.

Aber Achtung: Denken Sie daran, dem Schüler nicht zu nahe zu kommen. Dies gilt vor allem für Jugendliche. Zu viel körperliche Nähe kann Ängste und starke Ablehnung auslösen. Der Traumatisierte fühlt sich dann schutzlos. Versuchen Sie, den richtigen und damit hilfreichen Abstand zu finden.

Sie kennen den Schüler und wissen, wann es kritisch werden kann. Lassen Sie sich nicht von Kollegen beeinflussen, die meinen, Sie würden zu viel „Getue um diesen Schüler machen“.

Schon die Aufteilung der Klasse wegen Krankheit einer Lehrkraft kann einen solchen Schüler völlig aus der Bahn werfen und Gefühle auslösen, die die Frage aufkommen lassen, „ob er jetzt wieder das Land verlassen muss“, oder vielleicht „verloren gehen könnte“.

Strafen für auffälliges Verhalten nützen in der Regel wenig. Was hilft, ist mitfühlendes, wissendes Verstehen und die Erklärung, dass die Intensität des Wutausbruchs nichts mit der aktuellen Situation zu tun hat, sondern dem früher Erlebten entspringt: „Diese Reaktion von dir kennen wir doch schon. Jetzt bist du verunsichert. Das wird gleich wieder besser. Setzt dich erst einmal neben mich / auf deinen Platz.“

Dies hilft dem Schüler, zwischen Vergangenheit und Gegenwart zu unterscheiden und immer mehr in der Gegenwart anzukommen. Kurze Gespräche über das Hier und Jetzt dienen dem Gelingen des Schulalltags, weil sie die Dissoziationen stoppen können.

Der frühtraumatisierte Schüler wird zunächst möglicherweise alles daran setzen, sich so zu verhalten, **wie man sich ihm gegenüber früher verhalten hat.** Es ist ihm dabei scheinbar egal, ob es sich bei der zu erwartenden Zuwendung um positive – die auch als bedrohlich erlebt werden kann – oder negative Zuwendung handelt. Reagiert die Lehrkraft ablehnend auf den Schüler, so bestätigt sie damit sein negatives Selbstbild von einem bösartigen und nicht liebenswerten Wesen. Auch die Erfahrung, dass Erwachsene nicht vertrauenswürdig sind, bestätigt sich.

Gerade einen Lehrer, zu dem der Schüler begonnen hat, eine positive Beziehung aufzubauen, wird er **provozieren, um zu sehen,** ob dieser es mit dem Wohlwollen ihm gegenüber auch wirklich ernst meint. Schafft es der Lehrer trotzdem, sein freundliches Verhalten aufrechtzuerhalten, so kann das Kind langsam beginnen, sein Verhalten zu ändern und eine tragfähige Beziehung aufzubauen.

Die Lehrkraft sollte aus einer gewissen **Distanz**, verstehend und reflektiert handeln. So können negative und nicht förderliche Einstellungen beim betroffenen Schüler langsam in entwicklungsfördernde umgewandelt werden.

Es gilt, die **Stärken des Schülers** zu erkennen und diese möglichst auszubauen. Wo kann er Erfolge erleben? Ein schlechter Schüler ist vielleicht ein guter Fußballspieler, ein mieser Sportler vielleicht talentiert im Umgang mit Tieren. Jedes Kind hat Fähigkeiten, die sich fördern und ausbauen lassen und aus denen sich Erfolge ziehen lassen.

Ein traumasensibles Klima schaffen

Um ein **traumasensibles Klima** in der Klasse zu schaffen, sollten Sie als Lehrkraft eine Balance zwischen Gleichförmigkeit und vorsichtiger Veränderung in Ihrem Unterrichtsalltag herzustellen versuchen, Über- und Unterforderung erkennen und vermeiden. Dabei hilft Ihnen Folgendes:

- Beobachten und dokumentieren Sie das Verhalten des traumatisierten Schülers (und auch die Reaktionen der Mitschüler) genau.

- Schenken Sie den kommunikativen Signalen des betroffenen Schülers viel Aufmerksamkeit.
- Zeigen Sie Sorgfalt bei der Deutung von Verhaltensweisen und seien Sie im eigenen Verhalten klar und vorhersehbar.
- Pflegen Sie einen klaren Umgang mit Regeln und Grenzen.
- Führen Sie Gespräche mit Schülern und Eltern.
- Tauschen Sie sich mit Kollegen aus.
- Scheuen Sie sich nicht, das Jugendamt ggf. mit einzubeiziehen.
- Gehen Sie behutsam mit den eigenen Ressourcen um (vgl. auch Kapitel *„Sorgen Sie für sich selbst!"*).

Grenzen pädagogischen Handelns in Bezug auf Traumata

Trotz allem Bemühen, in der Klasse ein förderliches Klima herzustellen, wird der traumatisierte Schüler immer wieder in Phasen der hohen Alarmbereitschaft und Erregbarkeit rutschen. Dies gilt insbesondere für frühtraumatisierte Kinder und Jugendliche. Bei ihnen ist die Gefahr recht groß, dass sie einen permanent oder über längere Phasen hinweg erhöhten Cortisolspiegel aufweisen. Ein Kind, das von den leiblichen Eltern nicht ausreichend mit Nahrung versorgt, allein gelassen oder misshandelt wurde, befand sich wiederholt in traumatisierenden Situationen. Für so ein Kind gibt es daher etliche verschiedene Reize, die hohe Erregungszustände auslösen können.

B Beispiel

Melvin ist in der zweiten Klasse. Es ist Februar, die Klasse feiert Fasching. Alle Kinder haben etwas zum Essen mitgebracht. Dies wird nun als Buffet auf mehreren Tischen aufgebaut. Die Schüler sollen sich mit einem Teller in der Hand in einer Reihe aufstellen. Einer nach dem anderen füllt sich seinen Teller. Melvin steht etwa in der Mitte der Schlange. Plötzlich und ohne jeden erkennbaren Anlass schreit er und tritt gegen einen der mit Essen gefüllten Tische. Es entsteht ein großes Durcheinander.

Was ist passiert? Melvin ist das Kind einer drogenabhängigen Mutter. Bei ihr lebte er die ersten vier Jahre seines Lebens. Die Pflegeeltern wissen nicht viel aus der Zeit. Sicher ist jedoch, dass Melvin nicht immer genug zu essen bekommen hat. Vielleicht war es der Blick auf seinen leeren Teller oder das Hungergefühl, welches einen Flashback ausgelöst hat und ihn hat explodieren lassen.

Bei den **Flüchtlingskindern** kommt es darauf an, wie viele traumatisierende Situationen sie erlebt haben. Bei Kindern aus Ländern, in denen schon mehrere Jahre Krieg oder kriegsähnliche Zustände herrschen, muss man davon ausgehen, dass sie kaum friedliche Lebensumstände kennengelernt haben. Sie wurden in den Krieg hineingeboren. Bei anderen Schülern kann es sich um einzelne traumatische Situationen in ihrer Heimat und auf der Flucht handeln. Wenn diese Schüler zunächst in stabilen Verhältnissen aufgewachsen sind, bevor die Familie sich zur Flucht entschließen musste, sind die Voraussetzungen, das Trauma zu überwinden, besser.

Bei **Kindern und Jugendlichen in akut und derzeit anhaltenden traumatisierender Umgebung** wird es mit großer Häufigkeit zu emotionalen Ausbrüchen oder zu Phasen der Dissoziation kommen.

Woran erkennen Sie Phasen traumatisierten Verhaltens und wie gehen Sie damit um?

Phasen der besonders hohen Erregung

Das Lernen in Phasen hoher Erregbarkeit ist kaum möglich. Daher ist es wichtig, diese Phasen zu erkennen und dem Schüler zu helfen, sich wieder zu beruhigen.

Anzeichen für eine hohe Erregbarkeit können sein:
- Grimassieren
- hektische Bewegungen
- Fluchen
- Spielen mit oder Zerstören von Gegenständen
- Mitarbeitsverweigerung
- angespannte Muskulatur
- Beschimpfungen
- laute Geräusche
- Zerknüllen oder Zerreißen von Papier

Strategien zum Umgang: In diesem Stadium ist es wichtig, dass die Lehrkraft eingreift, ohne mit dem Schüler in einen Machtkampf zu geraten oder Teil eines solchen zu werden.

Sie können eine Reihe von Strategien einsetzen, um weitere Verhaltensauffälligkeiten zu stoppen beziehungsweise abzufedern. Wichtig ist, dass Sie die aktuellen Schwierigkeiten des Schülers anerkennen, sie nicht als provozierendes Verhalten, sondern als Ausdruck der Unfähigkeit, sich zu steuern, begreifen.

Sie sollten in dieser Phase **verstärktes Interesse** am Schüler signalisieren, ihn fragen, woran er gerade arbeitet und ob er Hilfe benötigt. Es kann helfen, das bisher Geleistete zu würdigen und gemeinsam die weiteren Schritte zu besprechen. Visualisierung kann hier zusätzliche Sicherheit geben. Sie könnten sagen: „Ja, die Aufgaben sind etwas schwerer. Lass uns die Nummer zwei zusammen machen." Häufig kann genau dieses Anerkennen, das Beziehungsangebot und eine kurze Anweisung, den Schüler davor bewahren, im Stadium innerer Unruhe zu verharren.

Tritt ein solcher Zustand im Sitzkreis oder während einer frontalen Unterrichtsphase auf, so hilft es, den Schüler **anzusprechen**, um ihn wieder in das Gruppengeschehen zu integrieren. Vielleicht gibt es auch gerade einen sinnvollen Auftrag, den der Schüler ausführen kann. Hilfreich wäre es, wenn er einen längeren Weg zurücklegen muss und beispielsweise etwas aus dem Sekretariat holen oder dem Hausmeister bringen kann. Durch diese Ablenkung und die Bewegung kann sich die innere Unruhe legen.

Als Lehrkraft sollten Sie mit **ruhiger, aber fester Stimme sprechen** und es vermeiden, sich so zu bewegen, dass Ihre Bewegungen bedrohlich auf den Schüler wirken könnten.

Interventionen dieser Art sind sehr wichtig, damit der Schüler wieder Kontrolle über sich gewinnt, ohne dass er dabei über Gebühr im Mittelpunkt steht oder gar der gesamte Unterrichtsablauf unterbrochen werden muss. Interventionen zu diesem Zeitpunkt sind auch wichtig, damit der Schüler Würde und Respekt bewahren kann.

Eine weitere Strategie kann das **Umleiten** sein. Umleiten in diesem Zusammenhang bedeutet, dem Schüler zu helfen, sich auf etwas anderes zu fokussieren. Im Laufe der Zeit werden Sie eine Reihe von Beschäftigungen finden, die dem Schüler in solchen Phasen eine gute Ablenkung bieten. Dies können die Leseecke, spezielle Beschäftigungsmaterialien, die Möglichkeit zu malen oder auch eine Auszeit auf dem Schulhof sein. Möglich ist zudem ein bestimmter Platz im Gruppenraum, den der Schüler gezielt aufsucht und wo er bleibt, bis er sich wieder den Aufgaben stellen kann.

An diesem Punkt ist es hilfreich, eng mit den Eltern zusammenzuarbeiten, weil diese ihr Kind in der Regel gut kennen und vielleicht Ideen für ablenkende Tätigkeiten beisteuern können (vgl. Kapitel *„Elternarbeit“*).

Manchen Schülern mag es in diesen Phasen helfen, wenn die Lehrkraft sie berührt, indem sie etwa ihre Hand auf die Schulter des Schülers legt. Diese Intervention sollte aber nur angewendet werden, wenn sich die Lehrkraft sicher ist, dass sie hilfreich ist.

Es ist notwendig, dass Sie ruhig bleiben, damit Sie sich auf die Unterstützung des Schülers fokussieren können, sodass dieser aus der hohen Erregbarkeit herauskommen kann. Sehr wichtig ist es, dass Sie als Lehrkraft jeden Machtkampf zwischen sich und dem Schüler vermeiden. Sollte ein Kampf entstehen, hat der Erwachsene in der Regel bereits verloren und die Situation kann eskalieren. Eskalation meint hier, dass es zu einer Auseinandersetzung kommt, die den Unterricht unterbricht, der Schüler außer sich gerät und weitere Hilfe angefordert werden muss.

Während der Phase hoher Erregung ist es dem Kind fast immer unmöglich, anpassungsfähig zu sein. In diesem Stadium müssen Sie die Zielsetzung für das Kind neu definieren und flexibel bleiben, damit der Schüler das Ziel erreichen kann: das Zurückkehren in einen Zustand, in dem er wieder aufnahmefähig ist.

Hilfreiches Lehrerverhalten:

- mit leiser und ruhiger Stimme sprechen
- tief durchatmen
- Machtkämpfe vermeiden
- flexibel sein – der Schüler kann es nicht

Krisenverschärfendes Lehrerverhalten:

- mit lauter Stimme sprechen oder schreien
- Vermutungen äußern
- sagen, dass man der Chef ist
- sich rechtfertigen oder den Schüler bestechen
- Körper verspannen
- sarkastisch oder ironisch sein
- Vergleiche mit anderen Schülern herstellen
- kommandieren, fordern

Es ist wichtig, die Konflikte und die überwältigende Erregung nach und nach zu kontrollieren. **Übererregung** belastet Schüler und Lehrkräfte und birgt die Gefahr der Stärkung des Überlebensmusters des Betroffenen. Damit werden seine Entwicklungsmöglichkeiten eingeschränkt. Mehr Stress hilft nicht, den Stress langfristig zu bewältigen.

Was tun in Phasen unkontrollierter emotionaler Ausbrüche?

In diesen Phasen ist das Kind ungehemmt und handelt impulsiv, emotional und manchmal auch explosiv. Ein zunächst nicht erkennbarer Auslöser hat zu diesem Ausbruch geführt. Wie bereits beschrieben kann das Erleben, das den Ausbruch auslöst, für das Kind das gleiche sein wie bei dem ehemals traumatisierenden Erlebnis. Auftretende Verhaltensweisen können variieren zwischen Schreien, Treten, Beißen, Schlagen, Gegenstände-Zerstören, Sich-selbst-Verletzen oder Weglaufen.

In diesem Stadium sind keine Interventionen im Sinne des zuvor beschriebenen Verhaltensmanagements mehr wirksam und möglich. Das Hauptaugenmerk muss auf der Sicherheit des Schülers selbst, der Mitschüler und Lehrkräfte sowie der materiellen Umgebung liegen. Der beste Weg, mit der Wut umzugehen, ist es, den Schüler an einen sicheren Ort zu bringen. Allerdings nur, wenn dies ohne Einsatz physischer Kräfte möglich ist. Der sichere Ort sollte ein Platz sein, an dem das Verhalten des Schülers keinen Schaden anrichten kann. Dieser Raum darf nicht als Bestrafungsplatz, sondern sollte als schützender Ort erlebt werden. Er hilft dem Schüler, langsam seine Selbstkontrolle wieder zu erlangen. Hat der Schüler einen Ausbruch vor Mitschülern, ist es oft einfacher, die anderen Kinder zu entfernen. In beiden Fällen benötigen Sie jedoch Unterstützung, weil Sie weder den betroffenen Schüler noch den Rest der Klasse alleine lassen können.

Als Lehrkraft sollten Sie in solchen Momenten so ruhig wie möglich agieren. Sie sollten nur wenige Worte benutzen und so einen Machtkampf verhindern. Gesprochenes bezieht sich lediglich auf die Handhabung der Situation. Schüler denken in einer solchen Phase nicht, sie reagieren nur. Das Reptiliengehirn hat die Funktion übernommen, das Großhirn ist abgeschaltet. Das Ziel sollte natürlich auch hier sein, den Schüler in das Erholungsstadium zu bringen.

Hilfreiches Lehrerverhalten:
- den Schüler schützen
- Mitschüler schützen
- Gegenstände und den Raum schützen
- Unterstützung anforden
- nicht maßregeln/disziplinieren
- tief durchatman und versuchen, ruhig zu bleiben
- wenige Worte benutzen
- einen Machtkampf vermeiden

Nach einem (aggressiven) Ausbruch benötigt der Schüler Erholung. Der sichere Platz, den er vielleicht bereits öfter im Gruppenraum oder in der Leseecke für sich zur Beruhigung nutzen konnte, sollte aufgesucht werden. Auch ein Besuch in dem Raum für Schulsozialarbeit oder der in manchen Schulen vorhandenen „Insel“ wirkt beruhigend. Manche Schüler müssen zunächst einmal schlafen, um sich zu erholen.

Sprechen Sie direkt danach nicht über den Ausbruch und versorgen Sie den Schüler mit bekannter und vertrauter Struktur. Kurz nach einem solchen Ausbruch ist der Schüler noch recht labil.

Was tun, wenn es wiederholt zu aggressivem Verhalten kommt?

Wiederholen sich Ausbrüche dieser Art, und davon ist bei einem traumatisierten Schüler auszugehen, sollte mit ihm und allen anderen Beteiligten ein Ablaufplan für das Verhalten während und nach dem Ausbruch besprochen werden. Auch hier kann eine Visualisierung sinnvoll sein.

Mir geht es schlecht. Eine Erinnerung kommt in mir hoch, die große Angst macht sich in mir breit, ich bin plötzlich schrecklich wütend auf alles.

Ich gebe der Lehrkraft ein Signal (Smiley-Karte, Stopp-Schild), dass es mir schlecht geht.

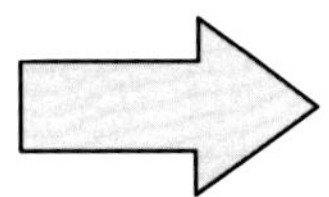

Ich gehe vor die Klasse (oder an einen anderen sicheren Ort) oder lasse mich von der Lehrkraft dorthin führen.

Ich warte, bis ich mich wieder etwas beruhigt habe.

Ich gehe an den sicheren Ort in der Klasse (Leseecke) oder in den Raum der Schulsozialarbeit.

Ich beschäftige mich dort mit Dingen, die ich mag und die mir guttun.

Ich muss keine Angst haben, Unterrichtsstoff zu versäumen. Es ist wichtiger, dass ich jetzt wieder ruhig werden kann.

Wenn ich wieder genug Kraft habe, gehe ich zurück in den Unterricht.

Beispiel

Niklas ist durch die Behandlung einer schweren Krankheit im Kleinstkindalter traumatisiert. Er hat damals wiederholt sehr schmerzhafte Untersuchungen über sich ergehen lassen müssen und erlebte dabei mehrfach für ihn ausweglose Situationen, in denen er sich nicht gegen die Ärzte wehren konnte. Seine Eltern standen zwar tröstend, aber hilflos dabei und konnten seine Verzweiflung nicht lindern, weil sie die schmerzvollen Untersuchungen als einzigen Ausweg aus der Erkrankung verstanden und daher befürworteten.

Niklas gilt inzwischen körperlich als geheilt. Die Narben in seiner Seele jedoch verheilen nur sehr langsam. Er ist regelmäßig in Behandlung bei einer auf Traumatisierungen spezialisierten Psychologin. Seit der Einschulung zeigt er massiv aggressives Verhalten, das sich zunächst scheinbar aus dem Nichts entwickelt. Beim genaueren Hinsehen erkennt man, dass es immer kleine Auslöser gibt. Meist sind es Situationen, in denen Niklas kleinere Konflikte mit Mitschülern hat und nicht weiß, wie er sich diesen entziehen kann. Das Gefühl der Ausweglosigkeit wie damals im Krankenhaus lässt ihn so heftig reagieren, wie er es damals auch hätte tun mögen, wenn er denn die Kräfte dazu gehabt hätte.

Schnell ist die Schule am Ende ihrer Kräfte, weil Niklas andere Schüler schlägt, ohne erkennbaren Anlass mit Gegenständen wirft und immer wieder massive Wutausbrüche bekommt. Die anderen Eltern der Klasse solidarisieren sich und fordern von der Schule, diesem Fehlverhalten schnellstmöglich Einhalt zu gebieten.

In gemeinsamen Gesprächen mit der Klassenlehrerin, den Eltern, der Therapeutin und der Sonderschullehrkraft wird ein Plan entwickelt. Dieser soll zum Einsatz kommen, wenn Niklas wieder einen Wutausbruch hat.

Der Plan wird ausführlich und wiederholt mit Niklas besprochen. Außerdem kommen Smileys zur Veranschaulichung zum Einsatz.

Individueller Ablaufplan	**Ich werde geärgert.** STOP	
Ziel: klare Handlungsstrategien und Absprachen im Falle eines Ausbruchs für alle Beteiligten (Schule, Schulbegleitung und Eltern)		
Name: Niklas B. **Alter:** **Klasse:**	**Startdatum:**	**Schwerpunkt**: Traumatisierung **Zusätzliche personelle Unterstützung:** Schulbegleitung
Strategien im Umgang:	**Rolle der Schulbegleitung:**	**Rolle der Eltern:**
Zusätzliche Absprachen: Sonderabsprachen:		
Unterschriften: ____________________		

Strategien im Umgang mit dem betroffenen Schüler könnten am Beispiel von Niklas so aussehen:

Vorab:
- Ablaufplan bei Wut (Bilderplan) in einer guten Lernphase deutlich machen und besprechen **(Lehrkraft und Schulbegleitung)**
- Regeln und Konsequenzen besprechen **(Lehrkraft)**

In der Wutphase:
- Ruhe bewahren (kein Bedrängen, nicht auf ihn einreden)
- Niklas nimmt den vorher festgelegten und geübten Weg aus der Klasse.

Nach der Wutphase:
- Rückkehr in die Klasse ohne Extraansprache
- Aufnahme von Normalität (schulisches Arbeiten ohne hohe Anforderungen)
- Besprechen des Vorfalls mit Niklas in einer späteren Phase (ggf. am nächsten Tag)
- Information an die Eltern nach Schulschluss **(Lehrkraft/Schulbegleitung)**

Die Rolle der Schulbegleitung sieht folgendermaßen aus:
- Sie kennt den Ablaufplan.
- Sie bewahrt Ruhe, greift nicht körperlich ein, schreit nicht.
- Sie begleitet Niklas auf seinem Weg nach draußen.
- Sie verhindert Selbst- und Fremdgefährdung.
- Sie begleitet Niklas auch in der Erholungsphase.
- Sie begleitet Niklas nach Rücksprache mit ihm in die Klasse zurück.
- Sie unterstützt Niklas beim Arbeiten, ggf. an einem ruhigen Lernort.

Die Rolle der Eltern umfasst Folgendes:
- Die Eltern kennen und unterstützen den Ablaufplan und besprechen ihn ebenfalls mit Niklas.
- Die Eltern informieren die Schule rechtzeitig, wenn Niklas durch häusliche Situationen bereits angespannt zur Schule kommt.

Zusätzliche Absprachen können folgende Situationen betreffen:

- Konflikte mit Mitschülern in der Pause: nicht Pausenverbot und Extraarbeit, sondern alternative Pausenregelungen, z. B. im Klassenraum, in der Bücherei, dem Hausmeister helfen; festgelegte Tischkickerzeiten; die Schulbegleitung ist gerade in den Pausen, beim Reinkommen und Rausgehen besonders aufmerksam.
- Niklas gefährdet sich durch Weglaufen/Verlassen des Schulgebäudes: Eltern werden informiert und kommen (Schulbegleitung bleibt bei Niklas).
- Niklas übt massive Gewalt gegen Mitschüler oder Erwachsene aus: Niklas muss abgeholt werden (Schulregel, gilt für alle Schüler).
- Niklas zerstört Eigentum anderer: Eltern und Schule einigen sich über eine Wiedergutmachung.

Sonderabsprachen sind eventuell nötig:

- bei verändertem Stundenplan (Feste, Theater usw.): Die Schule findet mit den Eltern eine individuelle Lösung.
- wenn die Schulbegleitung nicht da ist: Niklas wird von den Eltern in einer Konfliktsituation abgeholt.

Der Schulsozialarbeiter unterstützt in allen Konfliktsituationen, bis die Eltern Niklas abholen.

B Beispiel

Sascha aus der siebten Klasse gerät häufiger in Streitereien mit seinen Klassenkameraden. Dabei wird er schnell übergriffig und schlägt auch immer wieder einmal zu. Sascha kennt in dieser Situation keinen Unterschied zwischen Erwachsenen und seinen Mitschülern und ist regelrecht „außer sich". Er wird verbal beleidigend. Plötzlich jedoch erstarrt, versteinert er und ist nicht mehr in der Lage zu sprechen.

Mit Sascha wird vereinbart, dass er bei sich anbahnenden Streitereien ruhig angesprochen und ihm das Angebot einer Auszeit eröffnet wird. Er könne in den Trainingsraum der Schule gehen oder ins Krankenzimmer. Es wird ein Handzeichen vereinbart, das ihm signalisiert, dass die Situation jetzt gefährlich werden könnte und er sich lieber eine Auszeit nehmen sollte.

Natürlich ist es sinnvoll, bei wiederholten körperlichen Übergriffen mit den Erziehungsberechtigten zu überlegen, ob außerschulische Unterstützung in Form eines Erziehungsbeistands beim Jugendamt beantragt werden sollte oder ob eine Therapie angezeigt ist.

Besonders problematisch können sich für Pflegekinder belastende und für sie negativ verlaufende Besuchskontakte mit den leiblichen Eltern auswirken. Lehrkräfte berichten immer wieder, dass Kinder und Jugendliche, die solche Kontakte am Wochenende gehabt haben, in der Folge mehrere Tage nicht zur Ruhe kommen und sich kaum auf die Anforderungen der Schule fokussieren können. Sollten Lehrkräfte dies wiederholt beobachten, ist ein gemeinsames Gespräch mit den Pflegeeltern und dem Jugendamt unerlässlich, um eine Retraumatisierung der Kinder zu vermeiden oder zu unterbinden.

Phasen der Dissoziation

Ein wesentliches Element von Trauma ist die innere Abspaltung, die Dissoziation, deren Merkmale vorne schon genannt wurden. Sie rettet den Betroffenen in der bedrohlichen Situation vor Schmerz und Gefühlsüberflutung. Abgespalten wird, was unerträglich intensiv und schrecklich ist.

Jeder von uns kennt die Situation, dass wir Auto fahren und uns dabei gedanklich intensiv mit etwas auseinandersetzen. In der Regel wird dies bei Autobahnfahrten der Fall sein, wenn der Verkehr uns nicht allzu sehr beansprucht. Im Nachhinein erschrecken wir dann vielleicht, weil wir einen bestimmten Streckenabschnitt nicht mehr als gefahren erinnern können. Dies nennt man dissoziative Zustände. Dies allerdings ist nicht bedenklich.

Das Spektrum an dissoziativen Zuständen ist breit und reicht von harmlosen Alltagserscheinungen bis hin zu pathologischen Formen. Letztere sind gekennzeichnet durch einen Verlust der psychischen Integration des Erlebens und Handelns und bedürfen therapeutischer Behandlung. Die extremste Form von Dissoziation ist die multiple Persönlichkeit. Hier spaltet sich die betroffene Person in mehrere nebeneinander existierende Personen auf. Sie agiert entsprechend der jeweils hervortretenden Persönlichkeit. Dies kann bis zu unterschiedlichen Sprachstilen bei den jeweiligen Unterpersonen gehen. In einem Körper leben dann mehrere Personen. Ausgelöst wird diese

Erkrankung durch massive Traumatisierung in der Regel in Form von sexuellem Missbrauch und Misshandlung.

Anzeichen von akuten dissoziativen Zuständen sind:

- eine veränderte Wahrnehmung der eigenen Person
- eine veränderte Wahrnehmung unmittelbarer Empfindungen (Schüler, die im Winter im T-Shirt auf dem Pausenhof spielen und, darauf angesprochen, keine Kälte empfinden)
- erschwerte Kontrolle der Körperbewegungen, „automatenhafte" Bewegungen oder plötzliche Unfähigkeit, einzelne Körperteile zu bewegen/bewusst zu steuern
- plötzliche Sehstörungen, zum Beispiel Einengung des Gesichtsfeldes
- plötzliche Hörstörungen, zum Beispiel Schwerhörigkeit, Lärmempfindlichkeit, Ohrgeräusche

Meist treten diese Störungen plötzlich auf und können ebenso schnell auch wieder verschwunden sein. Sie sind Ausdruck massiver emotionaler Konflikte oder Hinweise auf seelische Überforderung und haben Schutzfunktion.

Die betroffenen Schüler finden sich an einem anderen Ort der Schule wieder und wissen nicht, wie sie dorthin gekommen sind. Dies wird als sehr belastend erlebt, vor allem vor dem Hintergrund, dass Traumatisierte stets die Kontrolle über das Geschehen haben wollen.

Strategien zum Umgang: In akuten Phasen der Dissoziation sollte man den Schüler vorsichtig ansprechen. Auch hier ist wieder auf eine leise Stimme und wenige Worte zu achten. Sie sollten dem Schüler sagen, dass er sich derzeit in einem eigenartigen Zustand befindet und dieser wieder vorübergehen wird, dass er in Sicherheit ist und ihm hier in der Klasse nichts passieren kann.

Es hilft dem betroffenen Schüler, wenn die Sinnesorgane gereizt werden, wenn man mit ihm bespricht, was gerade zu sehen, zu hören oder zu riechen ist. Damit versucht man ihn in das Hier und Jetzt zurückzuholen.

Eine andere Möglichkeit sind wohltuende Erfahrungen wie Musik, duftende Essenzen oder etwas Beliebtes zu essen/zu trinken. Auch können rhythmische Klatschspiele helfen, den Schüler aus der Dissoziation zu holen. Möglich wäre es, hierfür einen Plan zu haben und die Mitschüler einzubeziehen, zum Beispiel diese Klatschspiele mit dem Betroffenen zu machen. Oder Sie schicken ihn mit einem anderen Erwachsenen oder einem Mitschüler eine Runde durchs Gebäude oder über den Schulhof.

Phasen der Erstarrung

Die Erstarrung ist ein Innehalten und Löcher-in-die-Luft-Starren. Der Schüler reagiert nicht auf Ansprache. Diese Phase kann sich aber auch in stetem Nachspielen oder Nachzeichnen des Erlebten zeigen. Der Schüler „tritt auf der Stelle", er kann sich nicht weiterentwickeln. Die Erstarrung ist ein Abstumpfen, ein Sich-in-sich-Zurückziehen. Der Schüler steckt in seiner Hilflosigkeit fest. Er hat Schwierigkeiten, sich auf eine Aufgabe einzustellen, und bringt nichts zu Ende. Infolgedessen probiert er nichts Neues aus und kann nicht kreativ sein. Löst sich dieser Zustand nicht, kommt es zu den im ersten Teil beschriebenen, teilweise körperlichen Symptomen infolge der anhaltenden Erstarrung. Zieht sie sich über einen längeren Zeitraum hin, muss sie therapeutisch behandelt werden.

B Beispiel

Menschen, die einen Unfall hatten, berichten immer wieder, dass sie zunächst keinen Schmerz gespürt haben und auch keine Gefühle wahrnehmen konnten. Sie sind durch den Schock des Unfalls erstarrt. Erst später sind der Schmerz und die belastenden Gefühle wahrnehmbar.

Manche Tiere erstarren und stellen sich tot bei Gefahr. Die tot geglaubte Maus kann von der Katze nicht erkannt werden. Sie reagiert nur auf Bewegung.

Strategien zum Umgang: Fällt ein Schüler akut in eine Phase der Erstarrung, so hilft es, ihn zunächst einmal in Bewegung zu bringen. Helfen Sie ihm beim Aufstehen, gehen Sie mit ihm durch den Raum. Wird er ein wenig gelöster, so helfen Übungen aus dem Bereich der Kinesiologie, die das Überkreuzen der Körpermittelachse zum Inhalt haben. Dies wird auch beim Jonglieren mit Tüchern erreicht (weiterführende Literatur vgl. Literaturverzeichnis).

Zusammenfassung: Phasen traumatisierten Verhaltens

Wir erinnern uns, dass die Dissoziation und die Erstarrung immer in einem nahen zeitlichen Zusammenhang mit dem Erleben einer sehr belastenden, traumatischen Situation stehen, einer Situation, die als ausweglos oder unlösbar empfunden wird. Dissoziative Zustände sind also nicht als bewusstes Wegträumen oder gar Böswilligkeit im Sinne von „Nicht-zuhören-Wollen“ zu sehen.

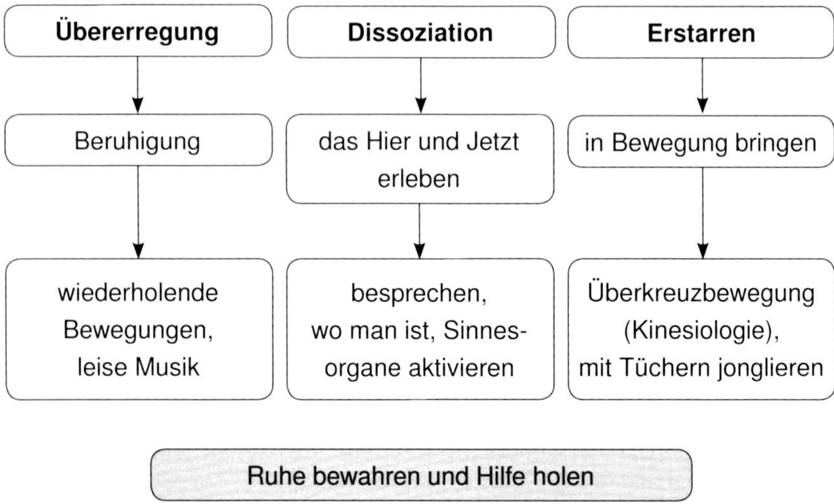

Wie begleiten Sie Lernprozesse traumatisierter Schüler?

Aufgrund ihrer manchmal auch multiplen Traumatisierungen treten bei traumatisierten Mitschülern häufig Konzentrationsprobleme auf. Sie können nicht bei der Sache bleiben, weil ständig ein Teil ihrer Energie im Trauma und deren Folgen verhaftet ist. Sie haben Aufmerksamkeitsprobleme, weil sie die Folgen der traumatischen Erlebnisse (zum Beispiel eine große, diffuse Angst) noch nicht verarbeiten konnten. Diese sind jedoch relevanter als die Lerninhalte im Unterricht. Die Schüler achten ständig hochgradig sensibel auf traumabezogene Reize, können auf scheinbar harmlose Situationen im Unterricht mit Angst oder Entsetzen reagieren. Dies verunsichert sie stark. Sie erleben, dass die anderen Schüler ruhig weiter dem Unterrichtsgeschehen folgen, sich in ihnen selbst jedoch große Unruhe breitmacht: „Sind die gerade auftauchenden Gefühle wirklich bedrohlich und gilt es zu handeln (weglaufen, sich auf einen Kampf einstellen)? Oder handelt es sich um einen Flashback und die gegenwärtige Situation ist alles andere als gefährlich?" Das vorrangige Ziel des Schülers ist es nun, diese Ungewissheit so schnell wie möglich loszuwerden.

Wichtig

Die Fähigkeit, mit Ungewissheit umzugehen, ist wesentlich, um neue Antworten auf die im Unterricht gestellten Fragen zu finden. Für traumatisierte Schüler ist das eine innere Gratwanderung.

Eine andere Schwierigkeit sind die Dissoziationen. Haben traumatisierte Schüler im Unterricht regelmäßig dissoziative Zustände, in denen sie abschalten und die Umwelt nicht mehr vollständig wahrnehmen, fehlen ihnen mitunter auch einzelne Aspekte von Lerninhalten. Dies können beispielsweise frontal vermittelte Lerninhalte oder auch Arbeitsanweisungen sein.

Traumatisierte Schüler lernen langsamer. Sie brauchen mehr Zeit, um sich Wissen anzueignen. Aufgrund der Traumatisierung stehen andere Dinge im Vordergrund, vor allem der Schutz vor erneuter Verletzung. Daher können sie sich weniger auf das Lernen konzentrieren. Dies zu wissen, schützt vor Ungeduld der Lehrkraft und vor Überforderung des Schülers.

Auch kosten die erhöhte Erregbarkeit und die Alarmbereitschaft den Schüler viel Kraft, die dann beim Lernen fehlt. Infolgedessen ist er nach einem Schulvormittag erschöpfter als seine Mitschüler. Zu den normalen Schwankungen im menschlichen Befinden und den Anforderungen des Unterrichtstages kommen also noch erhöhte Anforderungen an die Leistungsfähigkeit des traumatisierten Schülers hinzu.

Ein Zeichen für Dissoziation bei Kindern ist es ferner, dass sie deutliche Schwankungen in ihrem Wissen, den Fertigkeiten und Vorlieben zeigen.

! Wichtig

Eine besondere Bedeutung zur Stärkung des Selbstwertgefühls kommt dem Lernen zu. Gelingt es Ihnen, dem traumatisierten Schüler wiederholt Lernerfolge zu vermitteln, so stärkt dies sein positives Selbstbild und damit die Fähigkeit, mit zeitweise auftauchenden Erregungszuständen und Flashbacks souveräner umzugehen.

Ganz wichtig ist das positive Reagieren auf gewünschte **Aktivität des Schülers**, da unmittelbar nach einer solchen Aktivität die Aufmerksamkeit und das Lernvermögen am größten sind.

Das Lernen verläuft in vier Schritten:

1. Begeisterung, Motivation
2. Ernüchterung: Gewahrwerden der Schwierigkeiten, Krise vor dem Durchbruch
3. Durchbruch: Bewältigung der Schwierigkeiten und handelnde, aktive Meisterung
4. geglückter Abschluss, Lernerfolg (verstanden haben) und Zunahme des Selbstbewusstseins

In der zweiten Phase ist die **enge Begleitung des Schülers durch die Lehrkraft** oder eine andere in der Klasse tätige Person (vgl. Kapitel *„Schulbegleitung"*) besonders wichtig. Der Schüler benötigt hier häufig die Motivation von außen, um zur dritten Phase übergehen zu können.

Wie gestalten Sie die Elternarbeit?

Bei traumatisierten Schülern ist die **Elternarbeit** ein wichtiger Faktor. Wenn ich hier von Elternarbeit spreche, so meine ich nicht nur die ein bis zwei verbindlichen Gesprächstermine im Jahr. Bei traumatisierten Schülern sind regelmäßige – zeitlich begrenzte – Austauschrunden zwischen allen mit den Schülern in der Schule Arbeitenden (Lehrkräfte, Sonderschullehrkräfte, Schulsozialarbeiter, Erzieher, Schulbegleiter) und den Eltern dringend notwendig. Es kann sinnvoll sein, mit dem Schüler arbeitende Therapeuten zu den Terminen einzuladen. **Vernetzung** ist bei diesem Störungsbild ernorm wichtig.

Wir müssen allerdings hier die drei Arten traumatisierter Schüler, mit denen Lehrkräfte in der Schule in Kontakt kommen, unterschiedlich betrachten:
1. Pflege- und Adoptivkinder
2. durch Krieg und Flucht traumatisierte Schüler
3. aktuell durch Traumatisierung bedrohte Schüler

Für alle drei Elterngruppen gelten die folgenden Hinweise hinsichtlich **Elterngesprächen:**

Klare **Zeitabsprachen** für die Dauer eines Gesprächs helfen beiden Seiten, sich zu strukturieren. Sprechen Sie immer sehr konkret ab, **wer** etwas (beispielsweise eine neue Abmachung) mit dem Kind bespricht, **was** genau besprochen werden soll und **wann** dies geschehen kann. Das Gleiche gilt für Dinge, die mit dem Schüler erarbeitet werden, oder Regelungen, die neu durchgesetzt werden sollen.

Erarbeiten Sie mit den Eltern feste **Rückmeldesysteme**. Wann trifft man sich wieder? Machen Sie den nächsten Termin am Ende des Gesprächs gleich fest, auch wenn er erst in einem halben Jahr sein soll.

Wie kommunizieren Sie **zwischen den Gesprächen** miteinander? Achten Sie darauf, dies möglichst effektiv zu gestalten. Einigen Sie sich bewusst auf kurze Telefonate oder besser noch kurze **Mails**. Mails können zu jeder Zeit gelesen und beantwortet werden. Keinesfalls sollte der Lehrer-Eltern-Kontakt zeitlich ausarten. Dies belastet und ist der Sache nicht zuträglich.

Meist funktionieren Gespräche ohne das Wörtchen „ob". Es ist nicht überflüssig, sondern wichtig, zum Beispiel wenn es um eine klare Entscheidung geht: „ob" oder „ob nicht". Jedoch sind **W-Fragen** besser geeignet, um miteinander ins Gespräch zu kommen (vgl. Prior, 2007):
- „Was hat sich schon gebessert?"
- „Wie soll es Ihrer Meinung nach weitergehen?"
- „Welche Möglichkeiten können Sie sich noch vorstellen?"
- „Was genau können wir als Lehrer / Sie als Eltern tun?"

Pflege- und Adoptivkinder

Bei **frühtraumatisierten Kindern** sollten Sie als Lehrkraft mit den Pflege- und Adoptiveltern einen guten Austausch pflegen. Diese Gruppe von Eltern weiß in der Regel nicht viel über die frühen Lebensumstände des angenommenen Kindes. Manchmal gibt es Informationen beim Jugendamt, nicht immer können diese an die aufnehmenden Eltern weitergegeben werden.

Pflege- und Adoptiveltern sind, wenn die Inpflegegabe nicht erst gerade vonstatten gegangen ist, Experten für das Verhalten ihrer Kinder. Vielleicht leben diese schon einige Jahre in der neuen Familie, bevor sie in die Schule kommen. Die Familienmitglieder haben sich miteinander arrangiert, die Auffälligkeiten des Kindes werden so gut wie möglich aufgefangen und abgefedert. Sie sollten dieses Wissen um den Umgang mit den Kindern in schwierigen Situationen nutzen. Sie sollten die Eltern fragen, was dem Kind gut tut, was hilft, wenn es von traumabedingten Gefühlen übermannt wird, sich in die Dissoziation zurückzieht oder sich in einer Phase der Übererregung befindet. Die Erfahrungen der Eltern sind wichtig für die Arbeit mit traumatisierten Schülern. Sie können den Umgang mit ihnen erleichtern und schützen vor auf Unkenntnis des richtigen Weges beruhendem Handeln.

Vielleicht ist es auch in der Schule möglich, den oben beschriebenen „sicheren Ort“ ähnlich wie zu Hause zu schaffen, etwas Vertrautes von zu Hause mitzubringen. Nicht für den alltäglichen Gebrauch in der Schule, sondern für den „Notfall“. Dies gibt den Schülern zusätzliche Sicherheit. Sie können sich in sehr belastenden Situationen wenigstens auf etwas Sicherheit Gebendes zurückziehen.

Folgende Aspekte sind für eine fruchtbare Zusammenarbeit mit Pflege- und Adoptivelten wichtig:

- Spiegeln Sie den Eltern, wenn Ihnen deren Berichte über die Geschichte des Kindes zu nahe gehen! Viele dieser Kinder – vor allem Pflegekinder – haben Schreckliches erlebt. Sie müssen nicht alle Details kennen.
- Es gibt über Pflegekinder immer viel zu berichten, nicht alles gehört in die Schule. Wichtig ist, dass Sie als Lehrkraft über die wesentlichen und die aktuell bedeutenden Themen des Kindes informiert sind.

- Bieten Sie sich als **„Verbündete“ gegen die Traumatisierung** des Kindes an. Die Einstellung „Jetzt haben wir zusammen ein Problem und arbeiten gemeinsam an dessen Lösung“ hilft Eltern und Lehrkräften, konstruktiv miteinander umzugehen.

Durch Krieg und Flucht traumatisierte Schüler

Bei dieser Schülergruppe steht, wenn wir an Elterngespräche denken, zunächst einmal das Problem der Verständigung mit den Eltern im Vordergrund. Es ist zumindest am Anfang, wenn auch die Eltern noch nicht ausreichend Deutsch sprechen, wichtig, mit Dolmetschern zusammenzuarbeiten.

Flüchtlingskinder kommen in der Regel zunächst in sogenannte internationale Vorbereitungsklassen oder Willkommensklassen (DaZ-Klassen, DaZ = Deutsch als Zweitsprache). Hier lernen sie Deutsch und werden dann Stück für Stück in die zukünftige Regelklasse integriert. Zunächst nehmen sie in der Partnerklasse an weniger sprachintensiven Fächern wie Kunst, Sport und Musik teil. Danach folgen Mathematik, Deutsch und der Fachunterricht, bis sie schließlich ganz zur Klassengemeinschaft der Regelklasse gehören und die Vorbereitungsklasse nicht mehr besuchen.

Als Klassenlehrkraft sollten Sie eng mit den die DaZ-Klasse betreuenden Kollegen zusammenarbeiten, um bereits vor der vollständigen Aufnahme in Ihre Klasse möglichst viele Informationen über den Schüler zu sammeln.

Auch bei diesen Schülern sind Elterngespräche wichtig. Im Gegensatz zu den Pflege- und Adoptiveltern wissen die Eltern von Flüchtlingskindern sehr genau, was die Kinder erlebt haben und welche Erlebnisse sich traumatisierend ausgewirkt haben könnten.

! Wichtig

Achten Sie auf sich! Sie müssen nicht ganz genau in allen Einzelheiten erfahren, was der Familie zugestoßen ist, was sie im Heimatland erlebt und wie die Flucht sich gestaltet hat. Schützen Sie sich, indem Sie die Eltern bitten, nur grob die Themen zu benennen, die traumatisierend gewirkt haben könnten.

Kinder in aktuell traumatisierender Umgebung

Diese Schüler brauchen schnell Hilfe! Wenn Sie den Verdacht haben, dass die Verhaltensweisen, die ein Schüler zeigt, durch eine Traumatisierung verursacht worden sind, so sollten Sie besonnen, aber möglichst zügig handeln. Sprechen Sie den Schüler nicht auf Ihren Verdacht an. Beraten Sie sich mit den in der Klasse unterrichtenden Kollegen, der Schulleitung und ggf. der Schulsozialarbeit. Berichten Sie von Ihren Eindrücken und Vermutungen. Sollte es an Ihrem Ort eine Beratungsstelle für Gewaltprävention geben, schalten Sie diese ein. Eine solche Beratungsstelle arbeitet immer vertraulich. Dort kennt man das Unterstützernetzwerk Ihres Ortes. Gibt es eine solche Anlaufstelle nicht, wenden Sie sich mit Ihrem Verdacht an das Jugendamt. Vielleicht ist die Familie dort bereits bekannt oder es gab schon Hnweise aus der Nachbarschaft der betroffenen Familie. Dann sind die Sozialarbeiter dankbar für weitere Hinweise. Lassen Sie nicht locker, wenn das Jugendamt nicht gleich reagiert. Es gilt, das Kind beziehungsweise den Jugendlichen vor weiteren Übergriffen zu schützen.

Teil 3: Strategien für die Arbeit mit traumatisierten Kindern und Jugendlichen

Selbstwert steigern

Traumatisierte Kinder und Jugendliche leiden oft unter einem erheblichen Mangel an Selbstwertgefühl. Nach einem Trauma hat sich ihre Selbstwahrnehmung verändert. Dies ist verbunden mit Schuldgefühlen, Scham und dem Gefühl, isoliert zu sein. Sie erleben sich als ineffektiv, fühlen sich stigmatisiert und beschädigt. Ein gutes Selbstwertgefühl ist jedoch eine Grundvoraussetzung für das Lernen.

Positive Rückmeldungen von Leistungen, Handlungen oder Aktionen, die der Schüler im Ansatz gut gemacht hat, stärken das Selbstwertgefühl. Bei negativen Rückmeldungen sollte man erklären, warum etwas noch nicht so gut gelungen ist, und gleichzeitig alternative und adäquate Verhaltensmuster, Lösungswege oder Aktionen aufzeigen. Das Ausführen von kleinen Aufträgen und Ämtern oder die Mitarbeit im Schulsanitätsdienst schaffen Erfolgserlebnisse.

Eine gute Rückmeldemöglichkeit bei produktivem Arbeiten sind Sticker oder Lobkarten. Diese Karten können Sie bei entspechendem Verhalten verteilen.

B Beispiele für Sticker oder Wortkarten

Um dem **erhöhten Kontrollbedürfnis** Traumatisierter nachzukommen, könnte der betroffene Schüler für das Aktualisieren bestimmter Ablaufpläne oder den Stundenplan der Klasse zuständig sein. Dies ist natürlich nicht durchgehend möglich, wenn diese Ämter umschichtig wahrgenommen werden sollen. Vorstellbar wäre es aber in der weiterführenden Schule. Dort erlöschen das Interesse und das Engagement der Schüler an diesen Ämtern in der Regel mit fortschreitendem Alter. Für den betroffenen Schüler kann das Aktualisieren des visualisierten Stundenplans eine Nische sein, die den anderen hilft und für ihn selbst sehr wertvoll ist.

Klassenregeln und Grenzen festlegen

Traumapädagogische Ansatzpunkte für den Schulalltag beinhalten die folgenden drei Aspekte:

- verlässliche Bindungen
- verlässliche Zeitstruktur
- übersichtliche Raumstruktur

Ein klarer Umgang mit Regeln ist für die Orientierung und das große Bedürfnis nach Sicherheit für den traumatisierten Schüler unabdingbar. Da in den traumatischen Situationen die Grenzen der Kinder/Jugendlichen – oft wiederholt – überschritten wurden, haben traumatisierte Schüler meist große Schwierigkeiten mit der Wahrnehmung und dem Umgang mit den eigenen Grenzen und denen anderer.

Es ist sinnvoll, Regeln für den Umgang miteinander in der Klasse gemeinsam aufzustellen. Das Mitspracherecht und damit das Gefühl, nicht ausgeliefert zu sein, stärkt die Selbstkompetenz. Dabei sollten auch mögliche Konsequenzen berücksichtigt werden, die eintreten können, wenn gegen Regeln verstoßen wird.

Regeln, die von der Klasse und/oder der Lehrkraft aufgestellt worden sind, können Sicherheit und Klarheit bringen, was im pädagogischen Rahmen sein darf und was nicht. Grenzen dürfen jedoch nicht zu starr sein, damit nicht erneut das Gefühl aufkommt, ausgeliefert zu sein. Es ist hilfreich, immer da, wo dies möglich ist, die Regeln als konkrete Handlungsanweisung zu formulieren. Auf unangemessenes Verhalten sollte, wenn möglich, immer schnell, ruhig und ohne Beschuldigung reagiert werden.

Dies ist noch einmal von besonderer Bedeutung für manche Flüchtlingskinder und für Schüler, die gerade aktuell in einem gewaltbetonten familiären Umwelt leben müssen. Diese haben unter Umständen in ihren Herkunftsländern und -familien das Lösen von Konflikten mit Gewalt gelernt und erkennen dies daher zunächst gar nicht als falsches Verhalten. Hier vermischt sich das soziale Erleben mit dem Schrecken einer Traumatisierung.

Oft taumeln traumatisierte Kinder und Jugendliche durch die Welt. Sie realisieren nicht, wenn sie sich – in kleinen Dingen – unangemessen verhalten. Dann gilt:

- Konkretes Lob spornt an: „Du hast die Aufgabe richtig gelöst.“ (Nicht: „Das hast du gut gemacht.“)
- Deutliche Regeln setzen traumatisierten Kindern und Jugendlichen nützliche Grenzen und geben ihnen Orientierung.

Manche traumatisierte Schüler **versuchen, nicht aufzufallen**. Dieser Anpassungsdruck kann zu Spannungen führen, die wiederum Stress erzeugen. Dieser Stress hat negative Auswirkungen auf das Verhalten des Schülers. Häufig entlädt sich der Druck dann ganz plötzlich. Helfen Sie durch entspannende Tätigkeiten, zum Beispiel das Beschäftigen mit dem Lieblingsthema oder -spiel, oder bieten Sie „entladende“ Tätigkeiten an wie Rennen über den Hof, Trommeln, Singen, Hüpfen. Auch Angebote für eine kurze Auszeit in einem reizarmen Ort oder auf dem Flur sowie Hol- oder Bringeaufträge sind hilfreich.

Andere Schüler **wollen permanent auffallen,** sich in den Vordergrund spielen, sind immer präsent. Auch ihnen hilft es, wenn sie zwischendurch kleinere Aufträge ausführen dürfen und damit etwas für die Gruppe oder die Lehrkraft tun oder ritualisierte „Runden um den Hof“ in regelmäßigen Zeitabständen laufen können.

Versuchen Sie nicht, immer und überall die Auslöser für schwieriges Verhalten zu finden. Oft wird das nicht gelingen, weil Flashbacks durch ganz kleine, für Außenstehende nicht erkennbare Dinge ausgelöst werden können. Wichtiger ist es, den Schüler in solchen Phasen zu beruhigen, ihm Halt und Sicherheit zu geben. So kann er wieder in den Bereich der bewussten Wahrnehmung und des Entscheidens kommen.

Umgang mit auffälligem Verhalten

Traumatisierte Schüler zeigen manchmal Lösungen und Ausweichmechanismen, die auf den ersten Blick wie provozierendes Verhalten wirken. Das kurzzeitige Verlassen des Unterrichts kann helfen, sozialen oder inneren Stress abzubauen. Ein Unterbinden hätte in diesem Fall mehr Nachteile als Vorteile. Treffen Sie Absprachen, schaffen Sie Möglichkeiten für Auszeiten bei Reizüberflutung. Vereinbaren Sie Signale mit dem Schüler, wann er eine Auszeit benötigt. Wie wäre es mit der Stoppkarte (Kopiervorlage siehe Anhang) oder mit einer Blitzableiterkarte?

Tipp

Der kurzfristige Aufenthalt in einem Nebenraum oder auf dem Flur kann dem Schüler bei Bedarf helfen, sich wieder zu beruhigen und zu sammeln, sodass er danach dem Unterricht wieder folgen kann. Klare Absprachen, wie lange dies sein sollte, sind wichtig. Eventuell kann eine Uhr oder ein Timer mitgegeben werden.

Sinnvoll ist es immer, die positiven Verhaltensweisen zu verstärken. Auf negatives Verhalten sollte man mit alternativen Angeboten von Verhaltensmustern reagieren. Sagen Sie nicht „Hör auf, mit dem Stuhl zu kippeln", sondern lieber „Sitz bitte ruhig auf deinem Stuhl".

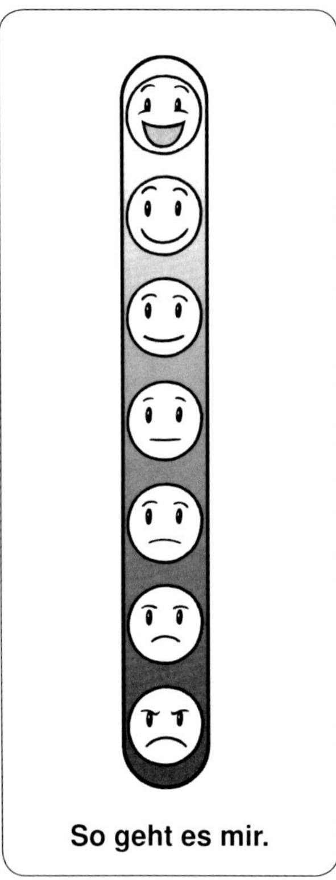

Dieses Gefühlsthermometer (Kopiervorlage siehe Anhang) zur Visualisierung von emotionalen Befindlichkeiten kann auf dem Tisch des Schülers kleben oder in seiner Federtasche liegen. Mit einer kleinen Wäscheklammer an dem jeweiligen Gesichtsausdruck zeigt es an, wie es dem Schüler im Moment geht.

Smiley-Pläne zur Verhaltensregulierung

Als sehr hilfreich, weil sie Orientierung, Sicherheit und Vorhersehbarkeit vermitteln, haben sich Smiley-Pläne erwiesen. Je nach Alter und emotionaler Stabilität der Schüler kann man mit Stunden-, Tages- oder Wochenplänen zum Erreichen eines erwünschten Verhaltens arbeiten.

Das Prinzip ist immer das gleiche. Mit den Schülern wird besprochen, welches Verhalten von ihnen erwartet wird und wie sie dieses erreichen können. Dann wird der entsprechende Plan vorgestellt und eine Belohnung / positive Konsequenz für erfolgreiches Verhalten festgelegt (mit dem Schüler erarbeitet). Möglich ist es auch, den Teil der Belohnung nach Absprache mit den Eltern in den häuslichen Bereich zu verlegen, sodass dort ebenfalls über die Pläne gesprochen wird. Zu Hause winkt dann bei entsprechend positivem Verhalten in der Schule eine kleine Belohnung.

Belohnungen sollten immer sehr individuell abgesprochen werden. Sie sollten den Schüler motivieren und nicht unbedingt materieller Art sein.

! Wichtig

Wie bereits im ersten Teil dieses Buches beschrieben, verhalten sich traumatisierte Schüler nicht bewusst auffällig. Das Ziel eines Smiley-Plans kann daher nie das Verhindern des Verhaltens sein, welches etwa durch Flashbacks ausgelöst wird. Dieses ist nicht direkt zu beeinflussen! Vielmehr sollen Smiley-Pläne Sicherheit geben und damit eine häufig erhöhte Alarmbereitschaft verhindern oder zumindest reduzieren.

Smiley-Plan

Name: ____________ Datum: ____________

	Montag	Dienstag	Mittwoch	Donnerstag	Freitag
1	Englisch	Sport	Englisch	Mathe	Mathe
2	Englisch	Sport	Englisch	Deutsch	Mathe
3	Deutsch	Musik	Deutsch	Religion	Deutsch
4	Gesellschaft	Musik	Deutsch	Religion	Deutsch
Mittag					
6	ELZ	NAWI	Mathe	Klassenrat	Kunst
7	ELZ	NAWI			Kunst

Verhaltensprotokoll

Name: ______________________ Datum: ______________

Stunde	sich melden	tun, was Lehrer sagen	Pflichtaufgaben erledigen	Bemerkungen
	○○○○○○	○○○○○○	○○○○○○	
	○○○○○○	○○○○○○	○○○○○○	
	○○○○○○	○○○○○○	○○○○○○	
	○○○○○○	○○○○○○	○○○○○○	
	○○○○○○	○○○○○○	○○○○○○	
	○○○○○○	○○○○○○	○○○○○○	
	○○○○○○	○○○○○○	○○○○○○	
	○○○○○○	○○○○○○	○○○○○○	

Soziales Miteinander unterstützen

Traumatisierte Schüler beobachten ihre Umwelt bewusst oder unbewusst sehr genau. So etwas Schreckliches, wie sie es erlebt haben, soll nie wieder passieren. „Warum hat der Schüler dort drüben gerade so geguckt; will er mich angreifen?“ Die Schüler deuten Reize aus ihrer Umgebung nicht richtig oder nehmen diese verzerrt wahr.

Dadurch entstehen im sozialen Alltag immer wieder Schwierigkeiten im Umgang mit den Mitschülern. Kleine Handlungen oder Reaktionen aus dem Klassenumfeld können zu einem Ausbruch von Trauer, Schmerz oder Aggression führen. Durch den erhöhten Stresspegel, die permanente Alarmbereitschaft fallen die Reaktionen der traumatisierten Schüler häufiger einmal unangemessen heftig aus. Damit erschrecken sie oft andere Schüler, die sich infolgedessen zurückziehen. So fühlt sich der traumatisierte Schüler abgelehnt und ausgegrenzt.

Gespräche mit den betroffenen Schülern, die die Gefühle und Absichten aller und deren Reaktionsweise verdeutlichen, können helfen. Solche Gespräche sollten ritualisert stattfinden. Geeignet hierfür ist der Klassenrat.

Hilfreiche Bausteine für solche Rückmeldungen sind:
- „Ich habe … wahrgenommen und mich daher … oder … gefühlt.“
- „Deshalb habe ich … getan.“
- „Es hilft mir, wenn X … tut“ oder „Nächstes Mal will ich versuchen, … zu tun.“
- „Ich wünsche mir (von dem Konfliktgegner), dass …“

Ist dies im Klassenverband nicht möglich, kann hier vielleicht die Schulsozialarbeit oder eine Beratungslehrkraft unterstützen.

Aufgrund der Traumatisierung oder der traumatisierenden Bindungserfahrungen ist die **Konfliktlösungskompetenz** der Schüler eingeschränkt. Mit Konflikten umzugehen und eigene Emotionen zu regulieren, gelingt nicht immer befriedigend und sozial angemessen. Diese Kinder müssen stets länger suchen, bevor sie einen Platz in der jeweiligen Gemeinschaft (Klasse, Nachmittagsbetreuung) gefunden haben. Sie bauen nur langsam Beziehungen auf und es dauert länger, bis sie soziale Unterstützung für sich mobilisieren können.

Aufgrund von Bindungsunsicherheiten und -störungen fehlt Traumatisierten im sozialen Bereich das Handwerkszeug, Kontakte und Beziehungen gewinnbringend zu gestalten. Sie können sich nur schwer in andere einfühlen und soziale Signale schlecht interpretieren. Die permanente unsichtbare „Bedrohung" durch Flashbacks mit der Folge von Übererregung, Dissoziation oder Erstarrung belastet sie.

Daher kann es sinnvoll sein, **der Klasse zu erklären,** warum das traumatisierte Kind sich auffällig, anders und manchmal seltsam verhält, um Stigmatisierung und Mobbing vorzubeugen. Zum einen sollten die Schüler sensibilisiert werden für die Hintergründe des auffälligen Verhaltens und zum anderen benötigen sie klare Handlungsanweisungen für den „Ernstfall".

Hier sollte man aber auf keinen Fall ins Detail gehen und erzählen, **was** genau das Kind Schlimmes erlebt hat.

Erklären Sie der Lerngruppe,

- dass der Schüler etwas Schlimmes erlebt hat, dass sie aber nicht nachfragen sollen, was passiert ist, weil es für den Mitschüler sehr belastend ist.
- dass der Schüler durch dieses schlimme Erlebnis / diese schlimmen Erlebnisse eine große Angst und Unsicherheit in sich trägt, eine Angst, die immer präsent ist.
- dass der Schüler deshalb immer wissen muss, wie der Ablauf der Dinge ist, um nicht wieder das Gefühl zu haben, einer Situation ausgesetzt zu sein und sich nicht helfen zu können.
- dass die schlimmen Erlebnisse in ihm schlummern und manchmal aufbrechen, weil er durch irgendetwas daran erinnert wird.
- dass er sich in diesen Situationen merkwürdig verhält, dies aber nicht mit Absicht tut.

Besprechen Sie mit den Schülern, wie sie am besten mit kritischen Situationen umgehen sollten. Geben Sie ihnen konkrete Tipps an die Hand, was genau hilfreich sein kann. Unter den Büchertipps hinten finden Sie einiges zum Thema.

Bitten Sie eventuell den Therapeuten des Kindes (falls es in Behandlung ist), zu einem solchen Gespräch in die Klasse zu kommen.

Es muss sehr sensibel mit der Frage umgegangen werden, ob der betroffene Schüler bei der Klassenaufklärung anwesend sein sollte. Dies entscheidet der Schüler immer selbst.

Zum Thema Pflege und Adoption gibt es mehrere empfehlenserte Bücher, u. a. auf den Internetseiten der Pflege- und Adoptivfamilienverbände. Einige Beispiele finden sich in der Literaturliste am Ende dieses Buches. Ein Klassiker für den Grundschulbereich ist zum Beispiel „Der Findefuchs" von Irina Korschunow. Zu diesem Buch gibt es Begleitmaterial für den Unterricht.

Unterricht strukturieren

Wie bereits dargestellt, wirkt es auf Schüler mit Traumatisierungen beruhigend, wenn sie sich gut orientieren können und genau wissen, was auf sie zukommt und was von ihnen erwartet wird. Dabei ist es wichtig, dass mit der Klasse und mit dem einzelnen Schüler bestimmte Abläufe abgesprochen werden, die dann auch eingehalten werden. Der Unterricht als Ganzes ebenso wie einzelne Arbeitsaufträge müssen klare Strukturen und verlässliche ritualisierte Elemente haben.

Für Schüler mit der Tendenz zu erhöhter Erregbarkeit – aber nicht nur für sie – ist es wichtig, durch eine gezielte Rhythmisierung des Unterrichts von außen Hilfestellung zu erhalten. So können sie das eigene Verhalten und die Arbeitsweise kontrollieren. Dazu gehört u. a. ein Wechsel zwischen Spannungs- und Entspannungsphasen. Regelmäßige Entspannungsphasen mit musikalischer Untermalung werden von den Kindern positiv aufgenommen. Eine Phase des Sich-Sammelns und Sich-Beruhigens vor den Arbeitsphasen ist hilfreich für effektives Lernen.

! Wichtig

Arbeitsaufträge sollten deutlich formuliert sein, komplexe Anweisungen in kleinere Schritte zergliedert und möglichst visualisiert werden (zum Beispiel durch einen Tafelanschrieb).

Für deutlich betroffene Schüler ist ein konsequenter, stark auf Struktur und Grenzen setzender Unterrichtsstil die einzige Chance, eine ihren Voraussetzungen entsprechende Leistung zu erbringen und sich zu beruhigen. So können der erhöhte Erregungszustand und die Alarmbereitschaft langfristig heruntergefahren werden.

Der Unterricht muss wegen eines einzelnen Schülers nicht anders geplant werden. Es muss nicht ständig etwas Besonderes für ihn bereitgestellt und bedacht werden. Daher ist es ganz wichtig, zunächst zu überlegen, welche Strukturen und Unterrichtselemente, die für den traumatisierten Schüler notwendig oder günstig erscheinen, auch für die gesamte Klasse brauchbar sind.

Tagesstruktur

Unvorhersehbarkeit bedeutet Stress für Traumatisierte. Die Kunst ist es, so zu strukturieren, dass der Schulalltag vorhersehbar und regelhaft abläuft, und so „Hochrisiko-Situationen", die das Kind mit seinem Traumaschema in Kontakt bringen, zu vermeiden.

Ein gut visualisierter Stundenplan schafft eine konstruktive Grundlage. Hängt er in der Klasse, sollten die einzelnen Fächer auf Kärtchen gedruckt und verschiebbar (Klett/Tesa) sein. Die Farben sollten sich auch auf den entsprechenden Heftern und Buchumschlägen wiederfinden.

Trotz anschaulicher Visualisierung fällt es dem traumatisierten Schüler aber eventuell schwer, sich zu orientieren. Es ist wichtig, ihm zusätzlich in kleinen Schritten verbale Informationen zum Ablauf zu geben, insbesondere dann, wenn man bemerkt, dass er die Orientierung sucht. Auch hier hilft wieder das „Ans-lange-Band-Nehmen" des Schülers.

Zur Visualisierung von Zeiten, etwa Bearbeitungszeiten von Arbeitsblättern oder bei Klassenarbeiten, hat sich der TimeTimer sehr bewährt. Diese Uhr ist längstens auf eine Stunde einzustellen. Der rote Bereich zeigt, wie viel Zeit von der Stunde noch übrig ist.

Ebenfalls in der Praxis bewährt haben sich Sanduhren mit unterschiedlichen Durchlaufzeiten von einer bis zu zehn Minuten.

! Wichtig

Traumatisierte Kinder können sich nur schlecht beeilen, **Zeitdruck** bedeutet für sie erneut zusätzlichen Stress. Er wirkt kontraproduktiv und kann den Schüler blockieren. Zeitliche Orientierung sollte demnach nicht als Druckmittel eingesetzt werden, sondern als Planungshilfe dienen

Ganz wichtig ist das übersichtliche **Notieren der Hausaufgaben** aller Fächer. Hierfür eignet sich der konsequente Einsatz eines Teils der Tafel oder der Seitentafel. Mit Kreidestrichen oder besser noch mit Klebeband sollten die einzelnen Fächer voneinander abgegrenzt sein. Ein weiterer Bereich wird für Aktuelles gekennzeichnet, wie „das Geld für den Fotografen mitbringen". In einem dritten Bereich stehen wichtige Termine, zum Beispiel Klassenfest, Ausflug.

Es sollte klar geregelt sein, **wie** und **wann** die Schüler in den Morgenkreis kommen und **wo** dieser stattfindet. Dies kann gruppentisch- oder reihenweise geschehen. Wie gehen die Schüler in die Pause, zum Sport, zum Werken? Häufig entstehen Konfliktsituationen, wenn die Schüler sich in einer Reihe aufstellen sollen. Wenn klar geregelt ist, nach welchem System sich aufgestellt wird, entfällt dies. Man kann die Schüler sich nach Größe, tischweise oder nach dem Alphabet aufstellen lassen. Der Fantasie der Lehrkraft sind hier keine Grenzen gesetzt.

Anfangs- und Endrituale

Es sollte täglich einen Morgenkreis (Grundsschule), ein Begrüßungsritual (weiterführende Schule) und ein Ritual zur Verabschiedung in der Klasse geben.

Traumatisierte Kinder lernen in triggerfreien Zeiten. Daher ist es wichtig, diese so zu strukturieren, dass für den Schüler möglichst viel vorhersehbar und regelgerecht abläuft. Vorhersehbare und gleichbleibende Abläufe geben Sicherheit und entsprechen dem Kontrollbedürfnis der betroffenen Schüler.

Führen Sie **optische und/oder akustische Signale** zum **Beginn** und zum **Ende** von Arbeitsphasen ein. Dies kann mit einem Klangstab, einer Triangel oder einer kleinen Trommel geschehen.

In einer Klasse habe ich erlebt, dass auf den Ausruf der Lehrkraft „Achtung, Achtung!" die Klasse im Chor mit „Eine wichtige Durchsage!" anwortete und so die Aufmerksamkeit der Schüler für die nun folgende Ansage der Lehrkraft sicherte.

In manchen Klassen gibt es eine spezielle **Aufräummusik**. Ob dies der Ohrwurm „Wer hat an der Uhr gedreht?" von Paulchen Panther sein muss, ist dem eigenen Geschmack überlassen. Möglich wäre auch ein Musikstück von einer Entspannungs-CD oder ein klassisches Stück.

Ist die Lerngruppe unruhig, habe ich es als hilfreich erlebt, wenn die Lehrkraft ein **rhythmisches Klatschen** einübt, das von der Lehrperson ausgeht und in das die Schüler einstimmen, zum Beispiel lang – lang – kurz kurz kurz – lang – lang – kurz kurz kurz.

Bei Handlungsplanung und Organisation unterstützen

Traumatisierte Schüler haben oft Schwierigkeiten damit, ihre **Aufgaben und schulischen Arbeitsabläufe so zu strukturieren,** dass sie den Erwartungen der Schule gerecht werden und für das Lernen effektiv sind.

Aufgrund erhöhter Alarmbereitschaft oder in belastenden Phasen (Kontakte mit der Herkunftsfamilie, Bilder vom Krieg im Fernsehen) leiden die Schüler vermehrt unter Aufmerksamkeitsstörungen. Sich mehrere Aufträge zu merken, sich zwischen den verschiedenen Materialien zu orientieren, sozialen Anforderungen gerecht zu werden und dabei das eigene Seelenleben „in Schach zu halten", stellt eine große Anforderung für sie dar. Es lässt sie vergesslich wirken, bereits eingeübte Strukturen sind plötzlich nicht mehr abrufbar. Um in solchen Phasen eine Verunsicherung mit den bereits beschriebenen negativen Folgen zu verhindern, helfen klar strukturierte und auch visualisierte und damit immer wieder nachprüfbare Arbeitspläne.

! Wichtig

Traumatisierte benötigen Hilfe dabei, Prioritäten zu setzen und die Reihenfolge der zu erledigenden Aufgaben zu erkennen sowie einzuschätzen, wie viel Zeit sie dafür aufwenden dürfen.

Ein langer Arbeitsplan kann sie beim ersten Anblick entmutigen. Besser ist es, diesen in kleinere Abschnitte zu unterteilen und dem Schüler erst dann an die Hand zu geben, wenn er den ersten Teil bearbeitet hat.

Die so beliebte Freiarbeit, bei der sich die Schüler nach und nach Arbeitsblätter aus bereitgestellten Kästen nehmen sollen, kann einen traumatisierten Schüler überfordern. Die Reize, denen er ausgesetzt ist, wenn er quer durch die Klasse wiederholt zu einem der Kästen gehen muss, können zu auffälligem Verhalten den Mitschülern gegenüber führen. Besser ist es, diesem Schüler sämtliche Arbeitsblätter zum entsprechenden Thema in eine Mappe geheftet am Anfang der Unterrichtseinheit zu geben oder sie auf dem kurzen Weg am Pult abholen zu lassen. So entfällt der wiederholte Weg durch den Klassenraum.

Schulranzenordnung und Mappenführung

Es gilt zu verhindern, dass traumatisierte Schüler wiederholt ihre Unterrichtsmaterialien nicht dabei haben oder sie in ihrem Schulranzen nicht finden. Es ist kontraproduktiv für störungsfreies und effektives Arbeiten, wenn Mappen und Arbeitsblätter nicht dort sind, wo sie hingehören. Eine schlechte Heftführung oder Mappenordnung, bei der Arbeitsblätter einfach irgendwo eingeheftet werden und hinterher nicht mehr wiederzufinden sind, gilt es zu vermeiden. Denn dies löst Stress aus. Schnelles Auffinden des Gesuchten reduziert inneren Stress.

Jedes Fach sollte mit einer anderen, spezifischen Farbe gekennzeichnet sein, die sich auch auf dem Stundenplan wiederfindet. Mappen, Hefte und Bücher sind dann in der jeweiligen Farbe eingeschlagen.

Im häuslichen Bereich haben sich Stehsammler als sehr hilfreich erwiesen, um die Schulmaterialien zu ordnen. Jeder Stehsammler wird mit dem Namen und der Farbe eines Faches gekennzeichnet. Alle Arbeitsmaterialien für das jeweilige Fach sind dann dort enthalten. Dies erleichtert das Packen der Schultasche.

Tipp

Zum Packen der Schultasche kann eine laminierte Liste zum Abhaken hilfreich sein. Diese hakt der Schüler jeden Abend oder zu Beginn der Stunde ab und packt danach die Tasche und ordnet die Unterrichtsmaterialien auf dem Tisch.

Beispiele

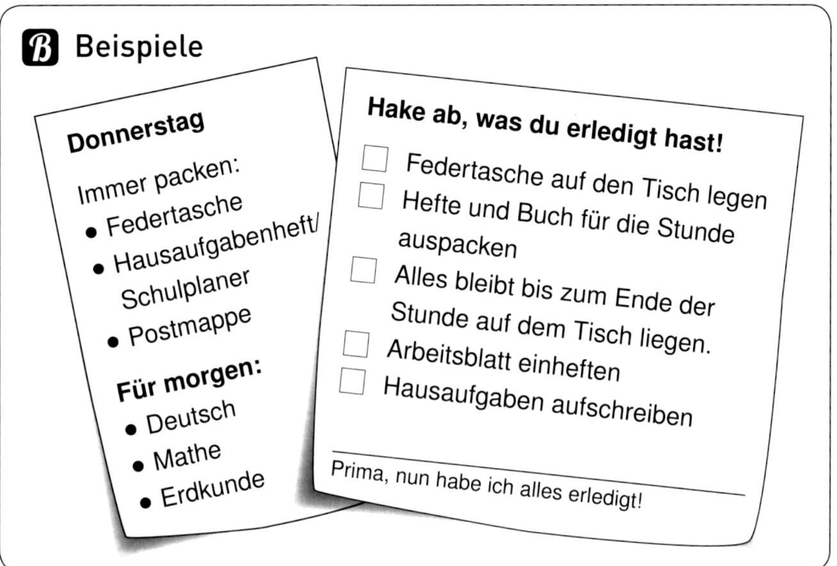

Gestaltung von Arbeitsblättern

Traumatisierte Kinder können von einem Arbeitsbogen überfordert sein. Viele Aufgaben, nett gemeinte Zeichnungen und unterschiedliche Schriften verwirren sie.

- Es kann hilfreich sein, ein Arbeitsblatt in seine einzelnen Aufgaben zu zerschneiden und diese hintereinanderzuheften (tackern). Der Schüler kann dann eine Aufgabe/Seite nach der anderen bearbeiten und hat eher ein Erfolgserlebnis, weil er nach jeder Aufgabe umblättern darf.
- Für unterschiedliche Aufgabentypen sollte man auch ein neues Blatt nehmen, zum Beispiel in Mathe für eine neue Rechenart.
- Aufgaben sind nicht nebeneinander, sondern untereinander anzuordnen.

Einsatz von Piktogrammen

Piktogramme zeigen an, in welcher Phase des Unterrichts sich die Klasse gerade befindet.

Piktogramme für benötigtes Material erleichtern die Orientierung und helfen, wenn der Schüler sich die Anweisung für das benötigte Material nicht merken kann. Er kann dann nachschauen, wenn die Piktogramme für Stift, Schere, Heft, Buch usw. an der Tafel angebracht sind.

Bei unvermeidlichen Veränderungen unterstützen

Schüler mit Trauma reagieren auf Veränderungen mit auffälligem Verhalten, weil diese sie aus ihren gewohnten und damit Halt gebenden Strukturen werfen. Das kann bis zur Verweigerung gehen.

Tipp

Kündigen Sie Veränderungen jeglicher Art möglichst früh an (Stundenplanänderungen, Raumwechsel, eine andere Sitzordnung, Lehrerwechsel und neue Räume), stellen Sie bisher unbekannte Lehrer vorher der Klasse vor.

Sagen Sie immer an, was gemacht/bearbeitet werden soll, und visualisieren Sie es (Verlaufstransparenz).

Fasching, Adventsingen und Bastelnachmittage mit Eltern, Sommerfest, Weihnachtsfeier, Abschiedsfeier, Ausflüge, Klassenreisen usw. können eine Überforderung für den betroffenen Schüler darstellen, weil er sich mit den vielen ungewohnten Menschen in der Schule sowie den umstrukturierten und eventuell geschmückten Räumen nicht zurechtfindet (Reizüberflutung). Hier kann es sinnvoll sein, dass der Schüler an diesem Tag nicht zur Schule kommt. Dies gilt insbesondere für Schüler, die gerade als Flüchtlinge recht frisch in unser Land gekommen sind. Diese Kinder finden sich mit unseren Festen und Feierlichkeiten vielleicht noch nicht zurecht. Alles ist neu für sie und daher tendenziell auch Furcht einflößend.

Pausensituationen erleichtern

Pausensituationen stellen viele Schüler mit Trauma vor große Probleme. Soziale Kontakte sind für Schüler mit einer Bindungsstörung manchmal purer Stress. Die Idee der Erholung in der Pause wird hier absurd. Die Schwierigkeiten sind sehr individuell, lassen sich aber allgemein wie folgt bündeln:

- Reizüberflutung durch Lärm und schnelle Bewegungen
- Mangel an Strukturierung
- Mangel an sozialer Kompetenz des Schülers
- Mangel an Orientierung
- als Folge die Entwicklung von Angstzuständen

Das Ziel kann und muss das Schaffen einer stressfreien Pausensituation sein. Die folgenden Maßnahmen können beim Erreichen dieses Zieles helfen:

- reizarme Aufenthaltsorte schaffen (Ruheecken, Leseecken, Spielecken im Klassenraum und während der Hofpause: Bibliothek, Insel, Biotope usw.), damit traumatisierte Schüler für sich selbst sorgen können
- personelle, individuelle Betreuung bereitstellen (Mitschüler, Paten, Aufsichten usw.)
- strukturierte Pausenideen/Pausenpläne entwickeln (bestimmte Spiele, Aktivitäten usw.)
- besondere Interessen für die Pausensituation nutzen (malen, lesen, Computer, Bibliotheksarbeiten, Aquariumspflege, Fußballspielen)
- Unterschiede zwischen den kleinen und den Hofpausen besprechen und festlegen sowie entsprechende Regeln für diese Pausen erarbeiten
- das Kind schützen, wenn es mit Mitschülern in Situationen gerät, die es selbst nicht lösen kann

! Wichtig

Die vereinbarten Absprachen und Regeln müssen alle Mitarbeiter der Schule und die Mitschüler kennen.

Reizüberflutung vermeiden

Reizüberflutung, Überreaktion auf sensorische Reize und Trauma sind eng miteinander verknüpft. Wie bereits betont, leben traumatisierte Kinder immer wieder auf einem sehr hohen Erregungsniveau. Sie tragen in sich viele unsortierte und unverarbeitete Themen und Ängste, die ihnen mal mehr und mal weniger intensiv zu schaffen machen. Diese inneren Prozesse kosten Kraft. Kraft, um den zeitweise „brodelnden Vulkan" in sich zu beruhigen. **Starke äußere Reize** wie Lärm, helles oder wechselndes Licht, starke Gerüche usw. können das Kind leicht aus dem Gleichgewicht bringen. Ausgeprägte Schreckhaftigkeit äußert sich etwa in Zusammenzucken bei kleinsten Geräuschen oder plötzlichen Bewegungen oder in einem unruhigen Blick. Die Schüler schaffen es nicht mehr, ihr Innen- und Außenleben zu organisieren, und kommen entsprechend an ihre Grenzen. So bedeutet es für diese Schüler eine größere Anstrengung, sich auf das Wesentliche zu konzentrieren, als für ihre nicht betroffenen Mitschüler. Mancher traumatisierte Schüler reagiert auf unbedachte und vor allem **unbeabsichtigte Berührungen** von Mitschülern oder auf bestimmte Lichtreize, Geräusche und Gerüche recht stark. Dies kann Beschimpfungen, Schreien und körperliche Reaktionen wie Schlagen auslösen, weil der betroffene Schüler sich angegriffen fühlt oder „das Fass" in diesem Moment „übergelaufen ist".

Was können Sie als Lehrkraft tun, damit es nicht zur Reizüberflutung kommt?

- Sorgen Sie für möglichst wenige Lichtreize im Klassenraum.
- Reduzieren Sie die Sonneneinstrahlung.
- Sorgen Sie für eine größtmögliche Arbeitsruhe in der Klasse.
- Wählen Sie einen Sitzplatz für den Schüler, bei dem zufällige Berührungen vermieden werden.
- Lassen Sie den Schüler bei Stillarbeiten und Klassenarbeiten eventuell einen Gehörschutz tragen.
- Manchmal kann ein reizarmer Ausweichraum für bestimmte Arbeiten sinnvoll sein.

Manchmal bietet es sich an, den traumatisierten Schüler mit einem hörgeschädigten Schüler gemeinsam in einer Klasse zu unterrichten. Hörgeschädigte Schüler benötigen eine schallarme Umgebung. Daher wird der Klassenraum bei inklusiv beschulten Hörgeschädigten in der Regel besonders gedämmt (Teppichboden, Gardinen).

Raumstruktur nutzen und schaffen

Anregende psychomotorische Angebote auf dem Schulgelände (Klettertürme, Schaukeln, Wippen, Fahrzeuge usw.) geben den betroffenen Schülern die Möglichkeit, sich auszuprobieren und positive Erfahrungen mit dem eigenen Körper zu machen. Dies lässt sie selbstbestimmter und mutiger werden. Langfristig können positive Erfahrungen in diesem Bereich nach schwierigen Phasen zur Beruhigung eingesetzt werden.

Die Infrastruktur einer Schule, beispielsweise ein Schulkiosk, eine Cafeteria oder eine Mensa, dient den betroffenen Schülern dazu, verlässlich ihre Grundbedürfnisse befriedigen zu können. Ferner gibt der regelmäßige Gang an den Kiosk Struktur.

Eine bewusste Farbgestaltung der Schulräume kann beruhigend wirken. Weiße Wände und Neonbeleuchtung wirken wenig einladend und kalt. Vielleicht ist es möglich, den Klassenraum gemeinsam mit den Schülern farbig zu gestalten. Dies kann das Zusammengehörigkeitsgefühl stärken und Geborgenheit erzeugen.

Klassenraumaufteilung

Klassenräume, in denen die Lernmaterialien geordnet in Schränken untergebracht sind, wobei jeder Schüler seine eigene Box oder sein eigenes Fach mit Namen hat, helfen, sich zu orientieren und zu strukturieren.

Es gibt Klassen, in denen man mobile Stellwände auf die Gruppentische stellen kann, sodass in Stillarbeitsphasen konzentrierteres Arbeiten ermöglicht wird.

Manche Klassen haben einen Kasten mit kleinen Teppichen, damit die Schüler auch auf dem Boden sitzend arbeiten können. Diese lassen sich daneben für einen schnellen Sitzkreis nutzen.

Zunehmend experimentieren Klassen, die ich besucht habe, mit einer veränderten Aufteilung der Tische im Raum. Sie stehen nicht mehr in Sechsergruppen zusammen oder in Reihen zur Tafel ausgerichtet, sondern rundherum an den Wänden und vor den Fenstern. Die Schüler gucken beim Arbeiten am Tisch dann gegen die Wand oder aus dem Fenster. Stellt man zwischen die Tische zudem Sichtwände, so kann man an diesen individuelle Arbeitspläne, Smiley-Pläne oder Piktogramme befestigen. Die Mitte des Klassenraumes bleibt zum Teil frei für einen Sitzkreis und zum anderen stehen hier Regale für die Schüler- oder Unterrichtsmaterialien.

Im ersten Moment mag so ein Klassenraum eigenartig wirken, er kann jedoch sehr konzentrationsfördernd sein. Die Reizschwelle wird herabgesetzt und die Schüler werden weniger abgelenkt. Für frontale Unterrichtsphasen drehen sie den ganzen Stuhl um und können so problemlos zur Tafel schauen.

Sitzplatz

Viele traumatisierte Schüler möchten gerne vorne sitzen. Dies erscheint auch sinnvoll, weil sie dann die Lehrkraft und die Tafel gut im Blick haben. Außerdem werden sie durch Bewegungen und Geräusche der Mitschüler nicht so stark abgelenkt. Nachteil ist, dass sie sich für Äußerungen der Mitschüler häufig umdrehen müssen. Daher ist ein seitlicher Platz im vorderen Bereich des Klassenraumes eventuell auch geeignet. Manche Schüler lieben und brauchen den Blick aus dem Fenster, andere hindert dieser daran, sich zu konzentrieren.

Für einige Schüler ist auch ein Einzeltisch oder ein von ihnen allein genutzter Doppeltisch sinnvoll, weil sie zu große Schwierigkeiten haben, ihr Material geordnet zusammenzuhalten oder von einem Tischnachbarn zu sehr abgelenkt werden. Auch in Fachräumen sind diese Überlegungen zu berücksichtigen. Grundsätzlich gilt, dass der Schüler mit Trauma seinen Platz nicht wechseln muss, wenn in der Klasse umgesetzt wird. Dies kann eine große Belastung für den Schüler darstellen und ist daher zu vermeiden – es sei denn, er wünscht es sich ausdrücklich. Es ist natürlich wichtig, dieses „Privileg“ mit der Klasse zu besprechen (vgl. Kapitel *„Klassenaufklärung“*).

Strategien

Unterricht traumasensibel gestalten

Lehrersprache

Traumatisierte Kinder reagieren positiv auf eine klare Lehrersprache:

- Verwenden Sie kurze, einfache, direkte Sätze und vergewissern Sie sich, dass jeder Schüler verstanden hat.
- Sagen Sie immer das, was Sie meinen.
- Sagen Sie nicht, was Sie nicht wollen, sondern das, was Sie wollen. (Nicht: „Erik, hör auf, Papierflieger zu basteln.“ Erik gehorcht und bastelt stattdessen eine Zieharmonika. Besser: „Erik, leg das Papier jetzt weg und folge dem Unterricht!“)
- Sprechen Sie den betroffenen Schüler möglichst häufig mit seinem Namen an, halten Sie Blickkontakt, tippen Sie ihn eventuell an.
- Reagieren Sie auf positves Verhalten verstärkend, bieten Sie für negatives Benehmen Verhaltensalternativen an.

Mündliche Beteiligung

Manche Schüler mit Trauma sprechen sehr leise, andere wieder extrem laut. Manchmal sprechen sie zwanghaft über ein bestimmtes Thema und merken dabei nicht, dass es ihre Mitmenschen nicht interessiert. Dies wird auch manchmal zur Kontaktaufnahme genutzt.

Tipp

Vereinbaren Sie einen Code oder ein Signal (eventuell geheim), wann es genug ist (möglicherweise auch als Visualisierung in Form einer Karte).

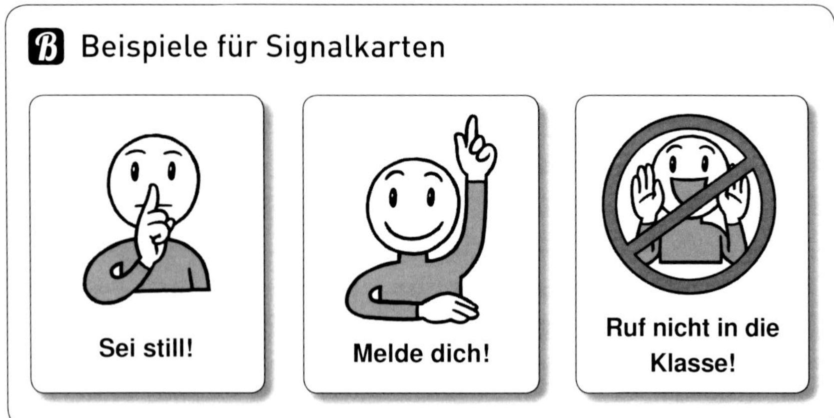

Wenn es sich um das stereotype Wiederholen belastender Erlebnisse handelt, ist dies konsequent zu unterbinden, um die Mitschüler zu schützen. Auch exzessive Zeichnungen von Kriegserlebnissen gehören nicht in die Schule.

Hilfreich können auch vorformulierte Satzanfänge für mündliche Beiträge sein:

- *Ich habe die Lösung. Sie lautet …*
- *Ich brauche Hilfe bei …*
- *Ich bin fertig. Darf ich jetzt …?*
- *Ich habe eine Frage: …?*
- *Ich denke, dass …*
- *Ich habe das nicht verstanden. Bitte erklären Sie es noch einmal …*

Unterrichts- und Sozialformen

Wie bereits beschrieben, ist der stete, aber weder zu hektische noch zu eintönige Wechsel der Unterrichts- und Sozialformen hilfreich.

Partner- und Gruppenarbeit: Schüler mit Trauma haben häufig Schwierigkeiten mit Partner- und Gruppenarbeiten. Es kann ihnen die Konzentrationsfähigkeit teilweise, phasenweise oder zunächst auch ganz fehlen, um sich auf den Kommunikationsprozess in einer Gruppenarbeit einlassen zu können. Auch kann es sein, dass sie die vielfältigen sozialen Interaktionen verwirren. Eine Lösung wäre die alleinige Bearbeitung von Aufgaben.

Hilfreich wäre auch, betroffene Schüler zunächst mit nur einem Partner zusammenarbeiten zu lassen. Dies könnte eine Vorstufe zur Gruppenarbeit sein.

Steuern Sie die Gruppenzusammensetzung, fragen Sie den betreffenden Schüler, mit wem er am ehesten zusammenarbeiten kann und wer umgekehrt mit ihm.

Versuchen Sie, Gruppen- und Partnerarbeiten zu strukturieren. Helfen Sie durch deutliche Aufgabenverteilung in der Gruppe. Manchmal kann es sinnvoll sein, dass die betreffende Gruppe einen Extraplan bekommt, in dem genau notiert wird, wer wofür zuständig ist und wie der Ablauf geplant ist. Klären Sie auch, wo die Partner- und Gruppenarbeit stattfindet.

Hausaufgaben

Manche Schüler mit Trauma trennen ihre Welten. Zu Hause und die Schule sind zwei grundsätzlich unterschiedliche Bereiche, die man aus ihrer Sicht nicht vermischen kann.

Es kann zu heftigen Kämpfen mit den Eltern kommen, wenn diese auf das Erledigen der Hausaufgaben drängen. Hinzu kommt, dass diese Schüler häufig sehr erschöpft sind, wenn sie aus der Schule nach Hause kommen. Schule strengt sie mehr an als andere Kinder. Manche müssen zunächst schlafen, bevor sie sich wieder anderen Dingen zuwenden können. Die Ablenkung mit lieb gewonnenen Beschäftigungen hilft ihnen, vom Schultag abzuschalten und sich zu entspannen.

Dies hilft:

- Erarbeiten Sie gemeinsam mit den Eltern mögliche Strukturierungs- und Motivationshilfen für die Hausaufgaben.
- Alle Kollegen sollten die Hausaufgaben klar formulieren und an einem festen Ort in der Klasse visualisieren (Hausaufgabentafel/-rahmen). Achten Sie darauf, dass diese abgeschrieben werden. Lassen Sie sich sicherheitshalber die Eintragung im Hausaufgabenheft vorzeigen.

- Finden Sie in besonders komplizierten Fällen eine Lösung, wie die Hausaufgaben in der Schule erledigt werden können (Hausaufgabenbetreuung). Ständig verlorene Hausaufgabenhefte lochen Sie in der Ecke und binden sie mit einem Band oder einer kleinen Kette an die Schultasche des Schülers.

Schulbegleitung und Schulsozialarbeit einbeziehen

Schulbegleitung

Eine Schulbegleitung kann für ein komplex traumatisiertes Kind sehr hilfreich sein. Es hat permanent jemanden an seiner Seite, das gibt Sicherheit.

Das Ausmaß der Auswirkungen einer Traumatisierung entscheidet darüber, ob dem Schüler eine Schulbegleitung an die Seite gestellt wird. Dies ist immer dann sinnvoll, wenn die Lehrkraft oder das in der Klasse unterrichtende Team den Anforderungen an persönlichen Kontakt durch die Schwere der Traumafolgestörung nicht gerecht werden kann. Auch ist es denkbar, dass der betroffene Schüler mehrmals am Tag den Klassenraum verlassen muss, um zur Ruhe zu kommen. Dies ist von unterrichtenden Lehrkräften aufgrund ihrer Aufsichtspflicht nicht leistbar. In der Regel kann man ein Kind oder einen Jugendlichen in einer krisenhaften Verfassung nicht alleine vor die Tür schicken.

Die jeweiligen Schwerpunkte und Notwendigkeiten der Hilfe sollten sich immer am individuellen Fall sowie an den äußeren Gegebenheiten orientieren und fortlaufend der Entwicklung des Schülers angepasst werden.

Allerdings kann eine solche Unterstützung durch eine Schulbegleitung Segen und Fluch zugleich sein. Einerseits gibt sie dem betroffenen Schüler Sicherheit, andererseits kann der Einsatz einer Schulbelgeitung auch zu einer Stigmatisierung führen. Aufklärung der Klasse ist daher auch hier von besonderer Bedeutung.

Schulbegleitung ist aber nur dann sinnvoll, wenn die Person dieser Aufgabe gewachsen ist. Ein Absolvent des Freiwilligen Sozialen Jahres wird einem traumatisierten Schüler in der Regel nicht gerecht werden können. Es kommen dann zusätzliche Schwierigkeiten durch Ausfall wegen Überforderung und Krankheit auf das Klassenteam zu.

Auf den Einsatz von zumindest ansatzweise vorgebildeten oder erfahrenen Menschen muss geachtet werden. Die Maßnahme sollte auch eine längerfristige Perspektive haben. Dies ist sicher nicht immer voraussehbar, weil auch Schulbegleiter sich manchmal beruflich verändern möchten, sollte aber zumindest ein Kriterium bei der Einstellung sein.

Sozialrechtliche Ansprüche

Es gibt kaum Einheitlichkeit beim Einsatz einer Begleitperson, den Regelungen zur Finanzierung und der Vorgehensweise bei der Planung der Maßnahme in den verschiedenen Bundesländern, Kreisen und Städten.

Die Zuständigkeit der Bildungsministerien beschränkt sich auf den pädagogischen Auftrag von Unterricht. Die notwendige Unterstützung, um verhaltensauffälligen oder behinderten Kindern einen angemessenen Schulbesuch zu ermöglichen, geht allerdings weit darüber hinaus.

Interessant für die Bereitstellung einer Schulbegleitung ist § 35a, der die Eingliederungshilfe für seelisch behinderte Kinder und Jugendliche regelt. Hier heißt es im Sozialgesetzbuch (SGB VIII):

> *„Kinder oder Jugendliche haben Anspruch auf Eingliederungshilfe, wenn*
>
> *1. ihre seelische Gesundheit mit hoher Wahrscheinlichkeit länger als sechs Monate von dem für ihr Lebensalter typischen Zustand abweicht, und*
>
> *2. daher ihre Teilhabe am Leben in der Gesellschaft beeinträchtigt ist oder eine solche Beeinträchtigung zu erwarten ist.*
>
> *Von einer seelischen Behinderung bedroht im Sinne dieses Buches sind Kinder oder Jugendliche, bei denen eine Beeinträchtigung ihrer Teilhabe am Leben in der Gesellschaft nach fachlicher Erkenntnis mit hoher Wahrscheinlichkeit zu erwarten ist."*

Weiter heißt es in § 35 a SGB VIII:

> *„(1 a) Hinsichtlich der Abweichung der seelischen Gesundheit nach Absatz 1 Satz 1 Nummer 1 hat der Träger der öffentlichen Jugendhilfe die Stellungnahme*
>
> *1. eines Arztes für Kinder- und Jugendpsychiatrie und -psychotherapie,*
>
> *2. eines Kinder- und Jugendpsychotherapeuten oder*
>
> *3. eines Arztes oder eines psychologischen Psychotherapeuten, der über besondere Erfahrungen auf dem Gebiet seelischer Störungen bei Kindern und Jugendlichen verfügt,*
>
> *einzuholen. Die Stellungnahme ist auf der Grundlage der Internationalen Klassifikation der Krankheiten in der vom Deutschen Institut für medizinische Dokumentation und Information herausgegebenen deutschen Fassung zu erstellen (ICD-10). Dabei ist auch darzulegen, ob die Abweichung Krankheitswert hat oder auf einer Krankheit beruht."*

Die rechtlichen Grundlagen für die Schulbegleitung als Teilbereich der Eingliederungshilfe sind in §§ 53, 54 SGB XII geregelt.

In § 54 Abs. 1 Satz 1 Nr. 1 SGB XII ist bestimmt, dass zu den Leistungen der Eingliederungshilfe auch „Hilfen zu einer angemessenen Schulbildung, vor allem im Rahmen der allgemeinen Schulpflicht" zählen.

Die Hilfeleistung durch einen Schulbegleiter soll dem Kind oder Jugendlichen durch vielfältige individuelle praktische, psychologische und pädagogische Begleitung (etwa bei der Orientierung im Schulgebäude, im Rahmen der Pausenbetreuung, aber auch zur Umsetzung von Unterrichtseinheiten) eine Integration in eine reguläre Schule ermöglichen (vgl. hierzu VG München, Urteil vom 20.5.2009, M 18 K 009.145).

Die schulische Begleitung soll dem Schüler angemessenen Zugang zu Bildung ermöglichen. Das langfristige Ziel sollte immer die Teilnahme am schulischen Bildungsangebot ohne zusätzliche Unterstützung sein. Auf eine weitestgehende Selbstständigkeit des Schülers ist mit dieser Unterstützung hinzuarbeiten.

Wichtige Aspekte der Schulbegleitung sind:

- vertrauensvoller und förderlicher Kontakt zwischen der Schulbegleitung und dem Schüler
- stimmige „Chemie" zwischen Schüler und Schulbegleitung
- eindeutige und transparente Absprachen zwischen allen Beteiligten (Lehrkraft, Schulbegleitung, Eltern, ggf. Schüler), möglichst schriftlich dokumentiert
- Kooperation aller Beteiligten: Eltern, Lehrkräfte, Therapeut, Kostenträger, Schulbegleitung

Aufgaben einer Schulbegleitung

Strukturierung des Schulalltags und der Lerninhalte

- Arbeitsorganisation
- Handlungsplanung trainieren
- Vermittlung von Strukturen
- Hilfen bei der Aufmerksamkeitssteuerung
- Hilfen bei Kommunikationsproblemen mit anderen Mitschülern (Begleitung in den Pausen)

Hilfen beim Aufbau von Beziehungen

- Anleitungen zur Selbstständigkeit
- Schutz in sozialen Situationen
- Stärkung des Selbstwertgefühls

Orientierungshilfen

- Wo ist mein Arbeitsplatz?
- Was brauche ich jetzt für meine Aufgabe?
- Was brauche ich morgen in der Schule?
- Was brauche ich nicht?
- Was hilft mir, dass ich ruhiger und konzentrierter bin?
- Was lenkt mich ab?
- Umsetzung eines Krisenplans

Soziale Kompetenzen (in enger Kooperation mit der Lehrkraft)

- Konflikte besprechen
- Sinn und Zweck verdeutlichen
- Interessen der anderen verbalisieren und erklären

- gemeinsam alternative Handlungsstrategien erarbeiten
- angemessene Verhaltensweisen zur Kontaktaufnahme und -gestaltung erarbeiten und üben

Schulsozialarbeit

Die wesentliche gesetzliche Grundlage für die Schulsozialarbeit befindet sich im SGB VIII/KJHG in den §§ 1, 11, 13 und 81.

Schulsozialarbeiter klären den Hilfe- und Unterstützungsbedarf von Schülern mit deren Eltern, den Lehrkräften und ggf. dem Jugendamt ab und unterbreiten Lösungsvorschläge. Bei Bedarf begleiten und koordinieren sie Maßnahmen auch. Schulsozialarbeiter sind unparteiisch und beraten unter Schweigepflicht.

Schulsozialarbeit kann eine erste Anlaufstelle bei Traumatisierung oder deren Folgen sein. Sie kann durch Informationen und Fortbildung der am Bildungsprozess Beteiligten einen sensiblen Umgang mit dem Thema Trauma erwirken. Im Schulalltag kann sie Lehrkräften und betroffenen Schülern mit Ideen und Anregungen zur Seite stehen. Sie arbeitet jedoch nicht therapeutisch.

Schulsozialarbeiter sind im Stadtteil vernetzt und können so weitere Unterstützungsangebote vermitteln. Auch hier sind klare Absprachen und eine gute Auftragsklärung sinnvoll.

Teil 4: Selbstfürsorge für Lehrkräfte

Achten Sie auf Übertragung und Gegenübertragung!

Der Umgang mit einem traumatisierten Schüler kann für die Lehrkraft zu einer großen Herausforderung werden. Bei Traumatisierten besteht immer auch die Gefahr der Übertragung und der Gegenübertragung.

Der Begriff Übertragung kommt aus der Tiefenpsychologie. In diesem Prozess überträgt der Betroffene unbewusst negative und verdrängte Gefühle auf neue, aktuelle soziale Beziehungen. Dies kann im Alltag zu erheblichen Spannungen führen.

B Beispiel

Julia provoziert ihre Pflegeelten immer wieder massiv. Sie beschimpft sie und verhält sich, als würden diese mit ihr wenig wertschätzend und auch vernachlässigend umgehen. Tatsächlich sieht Julia speziell in der Pflegemutter immer wieder ihre leibliche Mutter, die sie als Säugling und Kleinkind nicht ausreichend versorgt hat.

Von Gegenübertragung spricht man, wenn der andere (Lehrkraft) emotional auf das Agieren des Betroffenen (Schüler) reagiert.

In der Gegenübertragung kann sich nun die Lehrkraft plötzlich so fühlen wie der Schüler während der bedrohlichen Situation. Sie fühlt sich im Umgang mit dem Schüler hilflos, ohnmächtig, machtlos und wertlos. Denn der Schüler wurde damals in seinen Grenzen massiv verletzt. Es fällt ihm nun schwer, die Grenzen anderer wahrzunehmen.

Wegen der möglichen Gegenübertragung birgt die Arbeit mit traumatisierten Kindern die Gefahr der sekundären Traumatisierung der Lehrkraft im Sinne einer Mitgefühlerschöpfung. Sie wird vermutlich immer wieder über einen längeren Zeitraum oder in einer kürzeren Phase mit besonderer Heftigkeit mit den Folgen der Traumatisierung des Schülers konfrontiert.

Beispiel

Dies kann etwa das fast pausenlos weinende, unsere Sprache nicht verstehende Mädchen aus Syrien sein, das gerade neu in die dritte Klasse gekommen ist. Dieser Schülerin wird die Lehrkraft eine Bindung anbieten. Damit öffnet sie sich und macht sich auch verletzlich. Hört das Weinen nicht auf und kann die Lehrkraft derzeit offensichtlich nichts zur Linderung tun, wird sie sich hilflos fühlen und erschöpft nach Hause gehen. Vielleicht setzt sie sich dort gleich an den Computer und versucht, sich über Trauma, Flucht und Syrien zu informieren. Sie googelt lange, merkt nicht, dass sie Durst und Hunger hat, und fällt am Abend erschöpft in einen unruhigen Schlaf. Am nächsten Morgen weint das Mädchen zunächst weniger, fängt dann aber immer wieder an und ist nicht zu beruhigen. Im Laufe der Tage und Wochen, in denen die Integration des Mädchens sehr, sehr langsam vorangeht, wird die Lehrkraft immer mehr nach Hilfen und Hintergrundwissen suchen. Ihr privates Leben leidet darunter. Sie ist nahezu fixiert auf das Thema Flüchtlingskinder, spricht auch mit Freunden viel darüber.

Es gibt keinen wirklichen Schutz vor der Mitgefühlerschöpfung im Sinne von Vermeidung. Gerade in dieser Erkenntnis liegen Gefahr und Chance zugleich. Es wäre einfach, wenn es Rezepte gäbe oder man einzelne Dinge nicht zu tun bräuchte, um sich vor der sekundären Traumatisierung zu schützen. Jedoch liegt gerade in diesem „Nicht-verhindern-Können" der Gewinn, den die traumatisierten Kinder den Erwachsenen bringen: Die Erwachsenen sind durch die Folgen der Traumatisierung und die Gefahr der Mitgefühlerschöpfung aufgefordert, sich mit sich, den eigenen Grenzen und Möglichkeiten und ihrer Motivation für die Arbeit zu beschäftigen.

Sorgen Sie für sich selbst!

Neben aller Emphatie für den traumatisierten Schüler sollte die Lehrkraft den Erhalt der eigenen seelischen und körperlichen Gesundheit nicht aus den Augen verlieren, um eine Mitgefühlerschöpfung zu verhindern. Mit einem traumatisierten Kind oder Jugendlichen zu arbeiten kostet Kraft, manchmal viel Kraft.

Wichtig

Achten Sie auf sich und Ihre Gesundheit!
Seien Sie geduldig mit sich selbst und richten Sie realistische Erwartungen an sich.

Nehmen Sie sich Auszeiten und Entspannungsphasen nicht nur in den Ferien, sondern auch im Alltag. Es muss regelmäßig Zeiten geben, in denen Schule kein Thema für Sie ist. **Sorgen Sie für Ausgleich:** Treiben Sie Sport, pflegen Sie soziale Kontakte. Haben Sie teil am kulturellen Leben und leben Sie Ihre Kreativität. Aufenthalte in der Natur können entlastend wirken und den Kopf frei machen. Eine gute physische Selbstfürsorge (schlafen, essen, bewegen) ist immens wichtig. Nach dem Motto: „Man kann nur mit vollen Taschen geben."

Es wird immer wieder schulische Situationen geben, in denen Sie sich zwingen müssen, ruhig zu bleiben und nicht mit der hohen Erregung des Schülers mitzugehen. Denken Sie immer daran: Wenn Ihre Erregung steigt, reagieren auch Sie mit dem Reptiliengehirn, das Stammhirn ist ausgeschaltet und daher das Nachdenken erschwert.

Beispiel

Eine Familie kommt in die Beratung, deren Sohn gerade vor zwei Monaten eingeschult worden ist. Sie haben jetzt, kurz vor den Herbstferien, einen verzweifelten Anruf des Klassenlehrers erhalten, dass dieser bereits nach den ersten Wochen mit ihrem Sohn extrem belastet sei. Der Junge sprengt den Unterricht so häufig, dass der Kollege nach dieser kurzen Zeit nahezu am Ende seiner Kräfte ist.

Was hilft, ist das Einbeziehen eines Sonderpädagogen in einem Beratungsgespräch, um dem Kollegen und den Eltern die Wirkmechanismen der Frühtraumatisierung des Schülers zu erläutern: Dieser ist im Alter von vier Jahren im Rahmen einer Auslandsadoption in die Familie gekommen. Was er in seinen ersten vier Lebensjahren erlebt hat, ist weitgehend unbekannt.

Die Selbstfürsorge beinhaltet auch eine gute **Zeitplanung** und eine **realistische Einschätzung der eigenen Möglichkeiten und Grenzen,** beruflich zu handeln. Tauschen Sie sich mit Kollegen aus. Tun Sie dies aber gezielt und zeitlich begrenzt. Gegebenenfalls kann auch der zeitweilige Besuch einer Supervisionsgruppe sinnvoll und entlastend sein.

Schluss

Wo liegen Grenzen der Bewältigung von Traumatisierungen?

Wenn es gelingt, die eigenen Kräfte angemessen einzusetzen und entsprechend immer wieder für Entlastung und Erholung zu sorgen, kann die Arbeit mit traumatisierten Schülern bereichernd sein.

An dieser Stelle möchte ich darauf hinweisen, dass es, nach meinen Erfahrungen und den Berichten anderer Lehrkräfte, dennoch traumatisierte Kinder und Jugendliche gibt, bei denen es trotz größter Anstrengungen aller am Prozess Beleiligten nicht gelingt, diese mit Zuwendung, einem Beziehungsangebot und pädagogischen Mitteln wieder in ein seelisches Gleichgewicht zu bringen. Mir schilderten während der Recherchearbeit für dieses Buch Kollegen so drastische Fälle von Verhaltensstörungen aufgrund von Traumatisierungen in ihren Klassen, dass diesen Kindern im pädagogischen und, wenn es sich um ein Pflege- oder Adoptivkind handelte, auch im familiären Rahmen manchmal nicht zu helfen war. Sie sprengten den Rahmen. Hier sind die Fachleute aus der Kinder- und Jugendpsychiatrie gefragt. Häufig ist ein längerer stationärer Aufenthalt die einzige Möglichkeit, um an den Traumafolgestörungen arbeiten zu können.

Nicht selten begegnen mir auch Familien, die speziell mit einem frühtraumatisierten Kind am Ende ihrer Kräfte sind. Dann ist es der beste, wenn auch sehr schmerzhafte Weg, das Kind in einer stationären Kinder- und Jugendhilfeeinrichtung unterzubringen. So ist die Familie vom – pädagogischen – Alltag entlastet und kann sich ausschließlich auf den Beziehungsaspekt, das Beziehungsangebot bei Besuchskontakten und per Brief oder Telefon konzentrieren.

Möglicherweise ist das seelisch verletzte Kind auch gar nicht mehr in der Lage, tiefe Beziehungen aufzubauen. Das Wissen, dass es in der Ferne eine Familie gibt, zu der es an wenigen Besuchswochenden im Jahr fahren kann, von der es Gebutstags- und Weihnachtsgeschenke bekommt und die es benennen kann, wenn jemand nach „seiner Familie" fragt, ist der kleinste gemeinsame Nenner, auf den es sich einlassen kann. Für ein solch schwer beeinträchtigtes Kind ist dieser kleinste gemeinsame Nenner dann sehr viel, auch wenn die Eltern ihn zunächst als Niederlage, als Versagen empfinden.

Traumafolgestörungen können so schwer auftreten, dass sie nicht nur den Betroffenen selbst, sondern auch das familiäre Umfeld massiv belasten. Hier gilt es, die nicht betroffenen Familienmitglieder – auch Geschwister – vor Überforderung zu schützen und Grenzen zu erkennen.

Es erklärt sich von selbst, dass in einem solchen Fall die Schule vermutlich noch eher an ihre Grenzen stoßen wird als die Familie des Kindes.

Hier müssen die Grenzen des Machbaren erkannt werden. Lehrkräfte sollten die Möglichkeit haben, ihr Befinden zu artikulieren, bevor sie aufgrund der Belastung nicht mehr arbeitsfähig sind. Hierunter leidet dann nicht nur der traumatisierte Schüler, sondern es leiden noch viele andere.

In einem derart schweren Fall ist die Beschulung von betroffenen Kindern und Jugendlichen in Programmen für nicht mehr regulär beschulbare Schüler anzustreben, möglicherweise nach einer stationären Behandlung in einer Kinder- und Jugendpsychiatrie. Auch dies ist im Sinne eines Selbstwirksamkeitstrainings: Schon kleinste Erfolgserlebnisse helfen, das so geringe Selbstwertgefühl zu stärken.

Warum ist interdiziplinäres Know-how notwendig?

Um traumatisierten Schülern umfassend und dauerhaft in der Schule gerecht werden zu können, braucht es meines Erachtens ein interdisziplinäres Know-how verschiedener Berufsgruppen. Zur Fortbildung von Lehrerkollegien benötigt man im besten Falle **Schulpsychologen**. Diese können die psychischen und medizinischen Prozesse rund um das Trauma am besten vermitteln. Für die Umsetzung der förderlichen Bedingungen, wie ich sie beschrieben habe, benötigt man im schulischen System **Sonderpädagogen**. Ihnen sind viele der aufgeführten Tipps zur Strukturierung von Unterricht wohlbekannt. Sie haben das Hintergrundwissen für die methodische Umsetzung und können die Regelschullehrkräfte mit Ideen und Materialien tatkräftig unterstützen. Auch können sie zeitweise mit dem betroffenen Schüler arbeiten. Sollte es eine Schulbegleitung geben, könnten sie einen Teil der Anleitung übernehmen. Auch Beratungslehrkräfte oder die Erzieher/Sozialpädagogen aus der **Schulsozialarbeit** können Teilbereiche übernehmen.

Außerhalb von Schule sind es die **Therapeuten**, die mit dem Kind oder dem Jugendlichen an der Verarbeitung des Traumas arbeiten.

Eine enge Vernetzung aller mit dem Schüler befassten Fachkräfte und seiner **Eltern** (!) ist die Voraussetzung für das Überwinden der traumabedingten Störungen und das Gelingen der Beschulung.

Vorstellbar wäre auch eine schulische Beratungsstelle, die stadt- oder kreisweit agiert. Speziell fortgebildete Sonderpädagogen könnten für eine bestimmte Gruppe von Schulen zuständig sein. Die Kollegen besuchen diese reihum regelmäßig, hospitieren im Unterricht, beraten die Regelschullehrkräfte, führen Fortbildungen in Kooperation mit den Schulpsychologen für Lehrerkollegien durch und organisieren den Austausch aller am Prozess Beteiligten im Sinne von Netzwerkarbeit.

Kopiervorlagen

So geht es mir.

Anhang

Literaturempfehlungen

Zu Traumata

Krüger, Andreas (2012): Erste Hilfe für traumatisierte Kinder. Patmos Verlag

Lackner, Regine (2006): Wie Pippa wieder lachen lernte. Springer Verlag

Mai, Petra (2015): Dann wird alles wieder gut. Heilungsschritte nach einem Trauma. Iskopres

Steffen, Anne (2014): Der Schreck auf der Schaukel: Was das Gehirn beim Trauma macht. Books on demand

Weiß, Wilma (2013): Philipp sucht sein Ich. Beltz Juventa

Zur Gesprächsführung

Prior, Manfred (2007): MiniMax-Interventionen. Carl-Auer Verlag

Zur Kinesiologie

Dennison, Paul E. und Dennison, Gail E. (2013): Brain-Gym: Das Foto-Kartenset für Kinder. VAK-Verlag

Kinder- und Jugendbücher zum Thema Adoption

Bohmann, Gunn (1999): So ist das, wenn man sich lieb hat. Oetinger Verlag

Boie, Kirsten (2010): Paule ist ein Glücksgriff. Oetinger Verlag

Broere, Rien (2000): Tim gehört zu uns. Verlag Heinrich Ellermann

Doherty, Berlie (2008): Das Mädchen, das Löwen sah. Arena Verlag

Frei, Jana (2012): Mit Salome sind wir komplett. Ueberreuter

Jeschke, Tanja (2007): Mama, Papa und Zanele. Gabriel Verlag

Korschunow, Irina (1982): Der Findefuchs. dtv

Moser, Erwin (2007): Winzig. Das Buch vom kleinen Elefanten. Belz & Gelberg

Niederberger, Beat (2000): Warum gerade ich. Lysingut Verlag

Nöstlinger, Christine (2005): Konrad oder das Kind aus der Konservendose. dtv

Für Lehrkräfte zum Thema Adoption

Kuhn, Hilde (2013): Mein anderer Sohn. Fredeboldundfischer Verlag

Miniter, Richard F. (1999): Mike. Herder Verlag

Kinder- und Jugendbücher zum Thema Flucht

Boie, Kirsten (2016): Bestimmt wird alles gut. Klett-Verlag

Fuchshuber, Annegert (2015): Karlinchen: Ein Kind auf der Flucht. Ueberreuter

Geda, Fabio (2012): Im Meer schwimmen Krokodile: Eine wahre Geschichte. btb Verlag

Kauffmann, Frank (2015): Tsozo und die fremden Wörter. Orell Füssli

Kobald, Irena (2015): Zuhause kann überall sein. Knesebeck

Kringeland Hald, Ingeborg (2015): Vielleicht dürfen wir bleiben. Carlsen-Verlag

Marmon, Uticha (2015): Mein Freund Salim. Magellan

Quellen

Ainsworth (1979): nach Grossmann, Karin & Grossmann, Klaus E. (2004): Bindungen – das Gefüge psychischer Sicherheit. Klett-Cotta

Brisch, Karl H. & Hellbrügge, Theodor (Hrsg.) (2009): Kinder ohne Bindung. Deprivation, Adoption und Psychotherapie. Klett-Cotta

Caymmi Bosworth, Alexandra (2008): Das verletzte Kind, das Kind, das verletzt. Spezialisierte erzieherische Methoden für Eltern von Kindern mit Bindungsstörungen. Sévaz

Huber, Michaela (2009): Trauma und die Folgen. Trauma und Traumabehandlung, Teil 1. Junfermann

Korritko, Alexander (2014): Wenn die Wunde heilt, schmerzt die Narbe. Vortrag PFIFF e.V. 9/2012 in Hamburg

Levine, Peter A. (2005): Verwundete Kinderseelen heilen. Wie Kinder und Jugendliche traumatisierende Erfahrungen überwinden können. Kösel

Nienstedt, Monika & Westermann, Arnim (2007): Pflegekinder. Klett-Cotta

Scheuerer-Englisch, Hermann (2002): Auswirkungen traumatischer Erfahrungen auf das Bindungs- und Beziehungsverhalten. Zitiert nach: Verlorene Sicherheit – Enttäuschte Bedürfnisse und traumatisierende Erfahrungen bei Pflegekindern. PFAD für Kinder. Bayern

Schreiber, Viola & Iskenius, Ernst-Ludwig (2013): Flüchtlinge: zwischen Traumatisierung, Resilienz und Weiterentwicklung. In: Menschenrechte und Gesundheit / Amnesty-Aktionsnetz Heilberufe, Jg. 3

Seehagen, Sabine, Schneider, Silvia, Rudolph, Julia, Ernst, Stephanie, Zmyj, Norbert (2015): Stress impairs cognitive flexibility in infants. PNAS, DOI: 10.1073/pnas.1508345112

Abbildungsnachweise

Coverfoto: lonely sad child © ambrozinio – fotolia.com 92332228_L

Foto S. 7: Mark of the right way in the mountains
© romurundi – fotolia.com #90234828_L

Foto S. 15: Powerful Tornado dramatic destruction
© Romolo Tavani – fotolia.com #91030730_L

Illustration S. 17: Wolfgang Slawski

Foto S. 47: The old destroyed bridge in park
© Konstantin Kulikov – fotolia.com #87111532_L

Illustrationen S. 60: Wolfgang Slawski

Illustrationen S. 62: Wolfgang Slawski

Foto S. 75: Spider web with morning dew
© Soru Epotok – fotolia.com #88809883_L

Illustrationen S. 76: Antje Bohnstedt

Illustration S. 79f.: Wolfgang Slawski

Illustrationen S. 82: Wolfgang Slawski

Illustrationen S. 98: Wolfgang Slawski

S. 105: Bees bridge two parts of bee swarm
© Viesinsh – fotolia.com #92097447_L

S. 111: Olivenhain © Sven Weber – fotolia.com #334480_L

Illustrationen S. 115f.: Wolfgang Slawski